KB218036

힐링 미술관

힐링 미술관

최승이 지음

1판 1쇄 발행 2013. 9. 24. | **1판 3쇄 발행** 2019. 5. 11. | **발행처** 포이에마 | **발행인** 고세규 | **등록번호** 제300-2006-190호 | **등록일자** 2006. 10. 16. | 서울특별시 종로구 북촌로 63-3 우편번호 110-260 | 마케팅부 02) 3668-3246, 편집부 02)730-8648, 팩시밀리 02)745-4827 | **기획** 안신영

값은 뒤표지에 있습니다. | ISBN 978-89-97760-56-5 03230 | 독자의견 전화 02)730-8648 | 이메일 masterpiece@poiema.co.kr | 좋은 독자가 좋은 책을 만듭니다. 포이에마는 독자 여러분의 의견에 항상 귀 기울이고 있습니다.

이 도서의 국립중앙도서관 출판시도서목록(CIP)은 서지정보유통지원시스템 홈페이지(http://seoji.nl.go.kr)와 국가자료공동목록시스템(http://www.nl.go.kr/kolisnet)에서 이용하실 수 있습니다.(CIP제어번호: CIP2013017424)

힐링 미술관

명화와 심리학으로 성경 인물을 만난다

최
승
이

포이에마
POIEMA

인생의 태피스트리

어린 시절, 유치원에서 친구들과 사생대회에 참여했다. 대회를 앞
두고 아이들은 매일매일 대회 주제가 될 그림을 그렸다. '꽃밭에
서'라는 제목이었던 것 같다. 지루할 법한데 나는 그림 그리는 게
마냥 즐거웠다. 드디어 대회가 열리는 날, 묵묵히 색을 칠하다 문
득 늘 그려왔던 꽃과 하늘이 재미없게 느껴졌다. '꼭 파란 하늘이
어야만 하나? 빨간색으로 칠하면 어떨까? 저녁노을이 지는 하늘!'

나는 붉은 물감을 듬뿍 묻혀 하늘을 칠했다. 곁에 있던 엄마가
놀란 얼굴을 했지만 주저함이 없었다. 얼마 뒤 나는 장려상을 받
았다. 원장 선생님은 상장을 주면서 이해할 수 없다는 듯 물었다.

"어휴, 승이야. 너는 최우수상 받을 수 있었는데 하늘을 빨간색
으로 칠해서 장려상이 됐어. 왜 그랬니?"

"노을 지는 하늘이었는데요."

나는 상상 속의 빨간색 이야기를 더 이상 할 수 없었다. 내 대답
을 들은 원장 선생님이 순간 말문을 닫아버렸던 것이다. 노을 지

는 하늘에 관한 기억이 유난히 마음에 남은 이유는 무엇일까? '세상과의 소통'이 장차 내 인생의 화두가 되리라는 암시였을까?

어린 시절부터 나는 그림을 통해 세상에 끝없이 말을 걸어왔던 것 같다. 초등학교 때는 연습장에 수십 권의 만화를 그렸다. 애독자는 언니와 남동생이었고 종종 반 친구들에게도 보여주었다. 이야기를 상상하고 생각한 그대로 그릴 수 있으며, 누군가 좋아해준다는 사실이 너무나 기뻤다. 물 흐르듯이 나는 미술대학에 진학했다. 그런데 웬일일까? 그림 속의 세상이 간데없이 사라지고 말았다. 미대 지망생들은 익히 알겠지만 공장에서 찍어낸 석고상을 앞에 두고 똑같이 본뜨는 학습을 반복적으로 받는다. 나는 어느새 '나'라는 사람을 그림에 담는 법을 잊어버린 것이다. '이건 노을 지는 하늘'이라고 당차게 말하던 소녀는 물러나고 타인의 시선에 연연하는 모습만 남았다. 나를 있는 그대로 드러내는 용기는 작아졌다. 하고픈 말을 직접 못하고 상징으로 표현해야 하는 모호함에 점점 질식되어갔다. 어느덧 그림은 습관으로 전락했고 캔버스 앞에 앉아 있는 시간이 더 이상 즐겁지 않았다. 그러면서도 그림에 대한 애착을 포기할 수가 없어서 괴롭기만 했다. 고통스럽게 그림을 붙들고 있던 중 대학원에서 오종환 교수님의 수업을 들으며 미학의 세계에 눈뜨게 되었다. 언어로 지어진 그 세계는 꿈처럼 달았다. 명징한 언어들은 타인의 시선 아래서 불안을 억누르며 막연히 붓질을 하던 나를 자유롭게 해주었다. 언어는 존재 전부를 담을 수 없지만 화자와 청자 사이에 이해 가능한 일치감을 느끼게 해주었고 관계를 안정시키는 그릇 역할을 해주었다. 그런 안정감은 인생의 추상적이고 불분명한 면모들을 즐길 수 있게 해주었다.

인생의 전환점이 된 사건, 사랑하는 이들과의 이별을 겪으며 나는 미술심리치료사가 되었다. 미술심리치료의 세계는 언어라는 합의된 소통방식과 미술이라는 상징적 소통방식이 서로를 끌어안으며 펼쳐진다. 두 가지 소통방식이 섬세하게 오가며 나와 내담자가 함께 이야기를 만들어낸다. 내담자는 자신의 이야기를 하며 부지불식간에 자기 생애를 재구성한다. 그런데 그것은 그만의 이야기가 아니다. 나, 최승이라는 사람의 이야기와 만나서 함께 엮어간다. 인생의 사건과 감정들, 이를 바라보는 내담자의 관점에 심리치료사의 관점이 포개진다. 이때 심리치료사로서 훈련받은 이론과 경험들은 커다란 도움을 준다. 하지만 그것이 어서 완벽하게 객관적일 수 있을까. 내담자를 이해하기 위해 사용하는 이론들이 과연 삶의 진실을 다 담아낼 수 있을까. 그들의 이야기를 듣는 동안 내가 겪은 비슷한 경험이 비추어지곤 한다. 그럴 때 마음은 파도를 친다. 안개 속을 걷듯 막막하고 정처 없어지기도 한다. 때로는 내담자가 미워지기도 하고 안아주고 싶을 만큼 어여쁘기도 하다. 이처럼 나의 성격과 성향, 삶의 경험은 내담자를 바라보는 내 눈 속에 새겨져 있다. 나의 시각은 그들과 만나면서 새로운 직조물로 짜여간다. 혼자 우물을 파던 외로운 밤들은 물러나고 너와 내가 함께 이야기를 만들어간다. 믿었다가 의심하고 싸우다가 위로하기도 하고, 미워했다가도 사랑하게 되는 순간들을 쌓아간다. 이런 소통은 타인의 눈에 들기 위해 붓질을 했던, 지독하게 막막했던 그림 그리기보다는 덜 외로웠다.

내담자라는 씨실과 최승이라는 날실로 생의 태피스트리를 만들며 살던 중, 성경 속 인물이라는 씨실에 나를 엮어 책을 내게 되었다. 이 책은 전문서가 아니다. 심리학을 모르는 사람도 순수미술을 낯설어하는 이들도 누구나 편하고 재미있게 읽을 수 있기를 바라며 썼다. 글을 쓰는 동안, 무대에 불이 켜지듯 그림을 안고 사람들에게 달려갔던 어린 날의 내가 보였다. 그림을 그리는 즐거움, 내 그림을 보는 친구들을 보며 쿵쿵거리던 가슴, 재미있다는 말을 들었을 때 물결치던 환희… 책을 쓰며 잊고 있었던 소녀 시절의 행복을 다시 만끽하게 되었다.

이 책에 나오는 성경 인물들은 최승이의 세계와 만나 새롭게 조명된 이들이다. 성경 인물은 우리 안에 존재하는 수많은 원형상이다. 그들은 기독교라는 울타리를 넘어 역사 속에서, 개인 안에서 다양한 얼굴로 살아간다. 책에서 소개한 화가들의 삶과 그림은 성경 인물이 우리 안에서 영원히 살아간다는 진실을 보여준다. 화가의 이야기는 거울이 되어 현재를 사는 우리의 모습을 비춘다. 성경 인물을 만나는 것은 내 안에 있는 그들의 모습을 본다는 뜻이다. 우리 안에 있는 달갑지 않은 '그들'을 인정하기 위해서는 인간이라는 존재 자체를 인정하고 그 존재가 바로 '나'라는 사실을 수용해야 한다. 초자아로 스스로를 압박하며 벌을 내리는 것이 아니라 있는 그대로의 나를 받아들이는 태도다. 그런 후에 성경 인물은 살아서 인생에 새 바람을 일으키게 된다.

성경 인물은 신학 이론 속에 굳어진 화석이 아니다. 어제와 오늘, 내일이라는 시간 속에서 생생한 경험으로 만나는 존재다. 추운 겨울날, 외로움에 몸부림치는 나에게 우물가의 사마리아 여인이 친구처럼 다가올 수 있다. 삶의 의미를 묻는 밤에 느헤미야가 스승처럼 곁을 지켜줄 수도 있다. 그들이 나에게 주는 의미가 항상 똑같던가. 그렇지 않다. 내가 지금 책장을 넘기며 읽는 이야기들은 현재라는 나의 시간 속에서 끝없이 재구성된다.

그래서 이 책에 언급된 성경 인물들은 심리학 이론을 기본 배경으로 하고 있지만 최승이라는 사람의 체험과 시선 안에 녹아 있다. 당신 또한 대화하듯 이 책을 만날 수 있다면 좋겠다. 맞고 틀림이 아니라 '아, 이렇게 볼 수도 있구나' 하며 고개를 끄덕여주고 또 하나의 새로운 관점으로 확장하면 좋겠다. 그렇게 이 책은 내 손을 떠나 어디론가 여행하면서 누군가의 삶의 작은 일부분이 되기를 소망한다. 《힐링 미술관》이라는 태피스트리가 누군가에게 '나는? 그리고 너는?'이라는 질문이 될 수 있기를. 그 아름다운 여백을 생각하니 가슴이 설렌다.

부족한 글을 출판해주신 포이에마에 감사드린다. 기획자인 안

신영 작가에게 특별한 고마움을 전한다. 강의와 상담, 공부하는 일로 어정쩡한 아내와 엄마, 사모인 나에게 변함없는 믿음과 섬김으로 지지해주는 남편, 나의 미숙함을 신앙과 인생의 연륜으로 채워주시는 시부모님, 곁에서 기도로 지지해주는 언니와 동생, 영적 가족인 큰빛교회 식구들, 나와 상담하며 함께 성장해갔던 내담자들, 둘째 딸을 돌아가시는 그 순간까지 마음 다해 사랑해주셨던 친정어머니와 아버지, 박영조 할머니, 먼저 간 어린 조카에게 깊은 사랑과 감사를 전하고 싶다. 그리고 성경 인물들의 주관자이시자 나의 주관자이시며, 또한 당신의 주관자이시기도 한 하나님을 생각한다. 이 책을 통해 펼쳐질 우리의 새로운 이야기를 그분께 맡겨보고자 한다. 지금까지 살아오면서 늘 그랬던 것처럼.

목
차

1부

여성

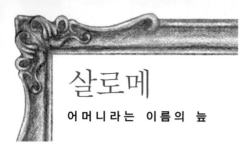

살로메
어머니라는 이름의 늪

1853년, 네덜란드의 작은 마을 쥔더르트에서 귀여운 사내아이가 태어났다. 하지만 새 생명을 향한 기쁨이 가득한 탄생이 아니었다. 어머니가 출산을 앞둔 어느 날, 아기의 형이 세상을 떠나고 말았던 것이다. 어머니는 죽은 아들을 기리며 아기에게 형의 이름을 물려주었다. 바로 빈센트 반 고흐(Vincent van Gogh, 1853-1890)였다. 어머니는 망자亡者가 된 아들을 그리워하며 아이를 형의 그림자로 바라보았고, 고흐는 그런 어머니의 무의식적 시선이 혼란스러웠다.

우리는 헤어나기 어려운 상황을 '늪'으로 표현하곤 한다. 늪에 빠진 사람은 발목을 잡힌 듯 걸어나오기 힘겹다. 이와는 전혀 다르게 늪은 자연의 콩팥이라 불리며 수질을 정화하는 기능을 한다. 늪은 다양한 오염원을 정화시켜 물고기나 조류가 번식하게 돕고 식물이 자라도록 한다. 생명의 저장소이면서 동시에 질척한 함정, 늪의 이런 양면성은 모성의 두 얼굴을 떠올리게 한다. 모성은 아

빈센트 반 고흐, 〈나무줄기가 있는 습지대의 풍경〉
1883년, 종이에 연필과 잉크, 31×37.5cm, 보스턴 미술관, 미국

이를 낳고 기르며 아이에게 생존을 위한 절대 양분을 준다. 하지만 모성이 결핍되거나 지나치게 넘칠 때 아이는 생명력을 잃는다. 그리고 자라나는 아이의 자유와 생기를 빨아들이는 블랙홀이 되어버린다.

그녀의 뜻 모를 불안

착하고 예쁜 후배가 있었다. 좋은 집안에 성격도 원만하고 얼굴도 예뻐서 어디를 가나 시선을 끌었다. 다들 부러워하는 직장에서 실력을 인정받고 남녀 불문 인기도 많았으니 지나치게 겸손한 것만 빼면 소위 말하는 '엄친딸' 자체였다. 그러나 그녀에게는 남들이 모르는 불안이 있었다. 주변 사람들은 눈치채지 못했지만 불안은 심각한 '병'이었고 언제나 곁에 있어줄 누군가를 필요로 했다. 혼자서는 아무것도 할 수 없는 '어린 소녀'였던 것이다. 그녀는 왜 그토록 불안했던 것일까?

후배의 어머니는 그 세대에는 흔치 않았던 전문직 여성이었다. 화려한 외모와 능력을 지닌 엄마 덕분에 후배는 친구들에게 부러움을 샀다. 그런데 그런 어머니에게 치명적인 아픔이 있었으니 아버지와 불화했다는 사실이었다. 아버지와의 관계에 지친 어머니는 모든 관심을 딸에게 쏟았다. 개인과외는 물론 바이올린과 발레 레슨까지 받게 했다. 백화점에서 값비싼 옷과 구두만 사주었는데,

한번은 후배가 유치원에 신고 갔던 롱부츠가 선풍적인 인기를 끌었다고 한다. 그러나 이상하게도 그녀는 만족스럽지 않았다. 친구들의 평범한 엄마가 부러웠다. 친구가 엄마와 싸웠다는 이야기, 친구 엄마가 언니의 아이를 돌보느라 녹초가 되었다는 이야기가 듣기 좋았고, 친구네 놀러갔을 때 친구 엄마가 터진 감을 부끄럽게 내놓는 모습에 설레기도 했다. 그녀가 '너네 집 참 재미있겠다'라고 하면 모두 어이없다는 표정을 지었다고 한다.

"어렸을 때 병에 걸려서 엄청나게 아픈 적이 있었어요. 죽을지도 모른다는 어른들의 목소리를 어렴풋이 들었죠. 하지만 부모님은 너무 가난해서 나를 병원에 데려갈 수 없었어요. 동네에서 침놓는 분이 오시고 어른들이 가끔씩 약초 갖다주시는 게 전부였죠. 그때를 생각하면 이 나이까지 살아서 선생님을 만나는 것도 기적이에요. 몸이 조금 나아졌을 때 엄마가 어디서 구했는지 초콜릿을 주셨어요. 형제들도 많은데 저에게만 주셨죠. 그런데 그렇게 먹고싶던 초콜릿을 편하게 먹을 수 없었어요. 부담감 때문이었던 것 같아요. 이걸 먹으면 엄마가 나에게 그 이상의 무언가를 요구할거라는 부담감, 초콜릿은 미끼라는 생각…. 말도 안 되지만 엄마의 말을 다 들어줘야 할 것 같아서 먹기를 망설였어요."

나에게 찾아온 내담자의 말이다. 그녀에게 엄마란 독수리처럼 날카로운 발톱으로 자신을 움켜쥐는 존재였다. 내 후배와 내담자가 자란 환경은 달랐지만 비슷한 부분이 있었다. 그것은 엄마를 어려워한다는 것이다. 두 사람 다 엄마의 호의를 좋아하는 한편 몹시 불편하게 느꼈다. 엄마의 사랑이 자신을 옭아매고 자기주장을 할 수 없게 만든다고 여겼다.

사악한 요부인가 연약한 딸인가

여성에 대한 이야기가 많지 않은 성경에서 우리는 헤로디아와 살로메라는 특별한 모녀를 만날 수 있다. 살로메의 어머니 헤로디아는 핏빛 역사의 주인공이다. 문헌에 의하면 그녀는 세 번 결혼했는데 첫 남편은 정치적인 이유로 암살당했고, 두 번째 남편은 삼촌인 빌립이었으며, 분봉왕 헤롯 안디바와 불륜 끝에 세 번째 결혼을 한다. 안디바는 세례 요한을 처형시킨 자로 그 역시 빌립의 이복 형제였다. 살로메는 두 번째 남편의 딸이었다. 성경에는 헤로디아의 딸 살로메의 이름이 직접 나오진 않지만, 그 존재는 분명히 기록되어 있다. 헤로디아는 자신과 안디바를 비난하는 세례 요한을 처형시킬 음모를 꾸미던 중 딸을 사람들 앞에서 춤추게 했다. 안디바는 그 대가로 살로메에게 무슨 소원이든 들어주겠다고 한다. 살로메는 엄마에게 달려가 무엇을 구할 것인지 물었고 헤로디아는 세례 요한의 목을 달라 하라고 시킨다. 이 짧은 이야기는 이들 모녀의 관계와 특히 살로메의 특성에 대해 추측하게 한다. 살로메는 어떤 여성이었을까?

혜로디아의 딸이 친히 들어와 춤을 추어 혜롯과 그와 함께 앉은 자들을 기쁘게 한지라. 왕이 그 소녀에게 이르되 무엇이든지 네가 원하는 것을 내게 구하라 내가 주리라 하고 또 맹세하기를 무엇이든지 네가 내게 구하면 내 나라의 절반까지라도 주리라 하거늘(마가복음 6장 22~23절).

살로메는 아름다웠으리라. 왕을 혼미하게 할 만큼 매력적이었을 것이다. '소녀'라고 하니 처녀로 만개한 나이는 아닌 듯하다. 그러나 소녀 같은 설익은 모습이 중년 남성의 욕망을 더 강하게 자극하기도 한다. 새아버지 안디바는 10대인 아름다운 의붓딸에게 "원하는 것은 무엇이든 다 주리라"고 호언한다. 이는 아버지가 딸에게 하는 말이라기보다 유혹당한 중년 남성의 과시용 언사처럼 느껴진다. 소녀는 나이 많은 의붓아버지를 유혹해 철없는 맹세를 하게 만드는 데 성공한다. 살로메는 원하는 것을 얻고자 아버지의 마음을 빼앗으려 다가갔고, 그는 소녀가 자아내는 성적 뉘앙스에 민감하게 반응했다. 남성 안에 존재하는 여성성이자 이브적인(이브는 유혹적이고 성적인 측면의 여성성을 상징한다) 아니마*anima*는 종종 소녀에게 투사되어 근친상간이나 원조교제라는 원시적인 관계를 맺게 한다. 안디바는 어린 소녀의 손아귀에 꼼짝없이 사로잡혔다.

예술작품에서 살로메는 세례 요한을 참수시킨 파괴적인 여인으로 묘사된다. 오스카 와일드는 살로메가 세례 요한을 사랑했다는 설정으로 희곡을 썼다. 세례 요한의 마음을 얻을 수 없었던 살로메는 쟁반에 담긴 그의 목을 갖는다. 살아 있는 그를 가지지 못한다면 죽여서라도 소유하는 철저하게 자기애적 사랑을 하는 팜므파탈로 묘사된다. 하지만 성경을 보면 그녀는 어머니의 명령에 따라 춤을 추었다. 딸은 안디바의 마음을 얻어냈지만 정작 자기가 왜 이 일을 하고 있는지 알지 못한다. 세례 요한의 목을 달라는 지시를 받은 딸은 왕의 앞으로 나아간다.

그가 나가서 그 어머니에게 말하되 내가 무엇을 구하리이까. 그 어머니가 이르되 세례 요한의 머리를 구하라 하니 그가 곧 왕에게 급히 들어가 구하여 이르되 세례 요한의 머리를 소반에 얹어 곧 내게 주기를 원하옵나이다 하니(마가복음 6장 24절).

요한의 머리가 소반에 담겨오자 그녀는 이를 어머니에게 바친다.

왕이 곧 시위병 하나를 보내어 요한의 머리를 가져오라 명하니 그 사람이 나가 옥에서 요한을 목 베어 그 머리를 소반에 얹어다가 소녀에게 주니 소녀가 이것을 그 어머니에게 주니라(마가복음 6장 27~28절).

살로메는 어머니에게 철저하게 복종하고 있다. 잔혹해 보이는 행위의 모든 동기는 어머니에게 부여받았고 어머니로 인해 정당

프란츠 슈투크, 〈살로메〉
1906년, 캔버스에 유채, 115.5×62.5cm, 개인 소장

화된다. 무엇을 해야 할지, 어떻게 해야 할지, 왜 해야 하는지에 대한 답은 자신에게 없다. 자기애적인 어머니는 권력과 욕망을 충족시키기 위해 딸의 젊음을 이용한다. 그리고 어머니에게 속한 딸은 복종함으로써 사랑받고 싶은 욕구를 채운다.

이들 모녀 사이에는 특별한 관계성이 엿보인다. 두 사람은 서로 다른 존재이지만 심리적으로는 하나인 융합적인 관계다. 어머니의 배에서 나온 아기는 자기 존재를 스스로 확인할 수 없기 때문에 모성에 의존한다. 아기는 초보적 발달단계에서 존재를 비추어줄 타자가 절대적으로 필요하다. 타자와 함께하며 자라는 동안 아기는 타자의 시선을 내면화하여 자기self를 형성해간다. 대부분의 경우 이러한 타자로서의 역할은 어머니가 담당해왔다. 어머니는 임신을 통해 아이와 신체적으로 하나를 이루고 출산 후에도 산후조리를 하며 밀착된 관계를 유지해나간다(현대 어머니들이 단기간 산후조리를 마치고 직장으로 복귀하면서 이러한 패턴은 변하고 있다. 하지만 여전히 육아의 많은 부분은 여성의 몫이다). 모성의 긍정적인 힘을 자양분 삼아 아이의 몸과 정신은 단단해져간다.

그런데 갓난아기 시절을 지나 유아기를 거쳐 아동기로 접어들면서 성性이 다른 아들은 어머니에게 일찍 반항을 시작한다. 이는 남성이 되기 위한 필수과정이다. 자궁은 본향이지만 아들이 심리적 자궁에 계속 머무르게 되면 남성성을 취하지 못하고 여성성이 커진다. 하여 아들은 자궁에서 벗어나려고 사투를 벌인다. 남자아이들은 전쟁이나 결투 장면을 그리며 모성과 싸운다. 반면 엄마와 성이 같은 딸은 아들처럼 일찍 투쟁하지 않는다. 여성은 남성과 달리 어머니와 연속적 관계를 유지함으로써 정체성을 형성해 간다. 따라서 여성은 관계지향적인 성향을 가지게 되는데 학자들은 여성의 자아는 타인들과 그물처럼 연결되어 있다고 한다. 하지만 여성의 심리발달이 어머니와의 관계만으로 이루어지는 것은 아니다. 다른 인간관계와 그 안에 연결된 다양한 경험들이 함께 맞물린다. 그래서 모녀관계는 자녀의 성장과 발맞추어 변화해야 한다. 이때 어머니가 딸과의 동일시를 포기하지 않는다면 모성은 딸의 발목을 붙잡는 늪으로 변질한다. 딸은 주체적 시선을 잃은 채 어머니라는 렌즈를 통해서만 세상을 보게 된다. 어머니와 다른 생각을 한다는 것 자체가 두렵기 때문에 늘 어머니와 같은 생각, 같은 느낌, 같은 판단을 한다. 장성한 딸이 세상에서 배운 지식으로 대항했다가도 고통스러워하는 어머니를 견디지 못하고 독립의 몸짓을 거두어버리곤 한다. 어머니의 고통은 딸에겐 더한 고통이기 때문이다.

결박하는 어머니, 도구가 된 딸

이와 반대로 어머니에 대한 극단적 저항을 보이는 경우도 있다. 바로 '아마존의 여인'이라는 상징이다. 그녀들은 철저하게 남성화

되어 있다. 아마존에 에로스는 없고 힘과 권력이라는 남성적 가치만 있다. 그녀들은 칼과 활을 능숙하게 다룬다. 칼은 지식, 논리, 이성의 법칙, 즉 로고스의 상징이다. 그래서 생존과 힘을 방해하는 자궁을 거세한다. 활을 쏘는 데 장애가 되는 오른쪽 가슴 또한 없앤다. 모유의 저장소이자 에로스의 상징인 가슴은 한쪽만 있어도 되는 신체 부위 중 하나일 뿐이다. 모성이 지나치거나 결핍되면 모성에 사로잡힌 이들에게 이는 갈망이나 위협으로 다가온다. 분석심리학자 융Carl Gustav Jung에 의하면 아마존의 여인들은 이런 모성 콤플렉스의 또 다른 전형이다. 그녀들은 부정적 모성의 측면에 대항하고자 남성의 상징으로 여겨왔던 '힘'을 취하여 한계를 극복하려 한다. 동시에 어머니의 모든 가치를 거부한다. 여자로 태어난 것은 땅을 치고 울어야 할 불운이다. 어머니가 물려준 여성성은 신체 일부를 훼손해서라도 벗어야 할 허물이요, 굴레다. 그녀들은 남성이 지닌 힘을 질투한다. 학문이나 경제활동에 몰두하여 남성성을 취하고자 분투한다. 그러나 인격의 근원적인 부분을 분열적으로 쪼개어 거세하기 때문에 진정한 관계를 맺기가 어렵다.

부정적인 측면의 모성은 딸을 바닷속으로 끌어당긴다. 바다는 딸의 모든 것을 가라앉히고 빨아들이는 심연이다. 어머니의 시퍼런 바다에 가라앉은 딸의 눈빛은 공허하다. 자기 생각이 없는 흐린 눈빛이다. 의식의 빛은 꺼졌다. 막연한 두려움에 사로잡힌 아이는 어머니에게 더욱 매달린다. 딸은 맞선 자리에 나가면 인기를 끈다. 그녀의 텅 빈 눈동자는 누구도 침범하지 않은 처녀림과 같아서 반대 성性인 남성들의 아니마를 자극하기 때문이다. 그녀들은 어머니가 원하는 결혼을 한다. 어머니가 원하는 바가 곧 자신이 원하는 것이다. 어머니가 곧 자신이고 자신이 곧 어머니다. 이런 딸은 어머니뿐만 아니라 집단이나 권위자에게도 지나치게 순응적이다. 언뜻 이런 모녀관계는 이상적으로 보인다. 어머니가 정해주는 대학에 들어가고 어머니가 좋아하는 남자와 결혼하여 이게 최선이겠거니 하며 살아간다. 그러나 어머니는 자신이 딸의 숨통을 조이고 있다는 사실을 알지 못한다. 어머니 역시 무의식적이기 때문이다. 어머니는 딸이 주는 기쁨, 딸이 자신을 대신하여 이루어준 성취를 통해 삶의 의미를 이어간다. 융은 이것을 "어머니가 딸에게 수혈받아 존재의 의미를 연장시키는 형국"이라고 말했다. 딸에게 수혈받은 어머니는 《헨젤과 그레텔》에 나오는 마녀를 연상케 한다. 숲에서 길을 잃은 오누이는 마녀의 유혹에 넘어가 숲에 갇힌다. 숲은 무의식과 모성의 공간이다. 마녀는 오누이에게 계속 음식을 갖다준다. 하지만 사랑이 아니라 오누이를 살찌워 잡아먹으려는 의도였다. 심리적으로 허기진 우울한 어머니가 딸을 통해 배부르고자 하는 것, 어머니 헤로디아에게 이런 탐욕이 엿보인다. 헤로디아는 열 개의 손으로 상대를 옭아매는 힌두교의 여신 카라를 떠올리게 한다. 신의 경지까지 이상화된 어머니의 모성원형은 살로메의 개인의식이 자라나도록 내버려두지 않았을 것이다. 어머니는 딸에게 속삭인다. "절대로 내 곁을 떠나지 마. 너는 나 없으면 안 돼. 나는 너고 너는 나야."

문헌에 의하면 헤로디아의 친오빠 헤로데 아그립바 1세가 분봉 왕으로 봉해지자 시기심에 가득 찬 헤로디아는 남편을 꼬드겨 오빠를 모함한다. 그러나 계획은 실패로 돌아가 그녀는 유배지로 떠나게 된다. 이후 살로메의 행적에 대한 기록은 없지만 딸에게도 그 여파가 미쳤을 것이다. 공주였다가 유배자의 딸로 추락했으니 이제 홀로 가시밭길에 서게 되었다. 매정하게 들릴지 모르겠지만 그 일이 딸에게는 하나의 기회가 될 수 있다. 바로 '자기 개성화'에 대한 기회다. 마녀적인 모성성에 결박당했다는 사실을 알지 못한 채 어머니를 이상화했던 딸이 자신의 존재에 대해 질문해야만 하는 시간을 맞이한다. 살로메는 고통스러웠을 것이다. 악몽에 시달리거나 불안에 떨었을지도 모른다. 그러나 모녀가 모두 무의식적으로 살아왔을 테니 이유는 알 수 없었을 것이다. 나의 후배와 내담자를 시달리게 했던 불안의 정체는 어머니 아래서 자율성을 잃어버리고 싶지 않은 딸의 심리적 갈등과 억압에서 왔다. 언제부터인가 어머니가 주는 것들이 부담스러워지지만 거부할 수 없기에 스스로를 억압했고 그 억압기제가 한계에 다다른 것이다. 그러나 어떤 계기가 오면 피치 못할 분리의 과정이 시작된다. 분리의 과정은 대부분 유쾌하지 않은 상황과 사건들로 시작한다. 예수님의 세 제자가 변화산에서 예수님과 엘리야, 모세를 만났던 사건을 떠올려보라. 제자들은 그곳이 너무 좋았기에 떠나려 하지 않았다. 편안한 안식처에서 새로운 곳으로 떠나는 것은 반드시 실망과 좌절이 그 계기가 된다.

어머니 헤로디아는 몰락했다. 권력과 미모, 처세술로 무장했던 막강한 어머니는 유배지에서 생을 연명하는 초라한 아낙네로 전락했다. 어머니에 대한 환상이 무너지고 방향을 잃어버린 살로메는 무엇을 할 수 있을까? 이제 그녀는 새로운 삶의 여정을 위한 새로운 방향키를 찾아야 한다. 그래야만 평생 어머니에게 연연하다가 어머니가 세상을 떠나면 자신도 함께 침몰하는 불행으로부터 벗어날 수 있다.

여기 어머니의 도구가 되어버린 가엾은 소녀가 있다. 사악한 요부라는 이미지 뒤에 늘 어머니를 그리워하고 어머니 없이는 아무 것도 할 수 없고, 그렇게 어머니의 늪에 빠져버린 한 소녀가 울고 있다. 그녀는 알지 못했다. 세례 요한의 목을 요구하는 것이 얼마나 큰 죄였는지를. 살로메의 악함을 정당화하려는 뜻이 아니다. 우리는 어린 딸이 자신의 근원인 어머니로부터 분리하는 일이 얼마나 힘겨운지를 바라보아야 한다. 딸이 독립하지 못하게 묶어두는 그릇된 모성이 얼마나 파괴적인지, 사로잡힌 딸이 무의식적으로 저지르는 행위의 결과가 어떻게 '죄'가 될 수 있는지도.

내 안의 헤로디아

교회나 공동체에서도 헤로디아의 그림자를 만날 수 있다. 타인에 대한 우리의 헌신은 종종 왜곡되고 변질된다. 성도의 생일을 챙기거나 그들의 어려움에 귀 기울인다. 교회에 정착할 수 있도록 선물하고 일일이 돌보며 지도한다. 물론 사랑이 없으면 할 수 없는 일들이다. 그러나 한 번쯤 내 마음을 들여다보자. 그 섬김 속에 실상 타인을 자신에게 의존하게 만드는 자기애적 욕망이 있는 건 아닐까. 어머니가 되어 그들을 소유하고자 하는 또 하나의 헤로디아가 내 안에 있을지도 모른다. 물론 인간은 근본적으로 자기애적 존재다. 우리의 헌신과 희생 역시 자기애적인 측면이 있다. 내 헌신에 박수쳐주는 타인을 통해 내 존재를 확인해야 하는, 우리는 그렇게 작고 여린 존재들이 아닌가. 그러나 타인과 그리스도에 대한 진정성이 없다면 타인은 나 자신을 과시하기 위한 도구로 전락할 수 있다. 이때 나와 타인은 나와 너(I-Thou)의 관계가 아니라 나와 그것(I-it)의 관계가 된다.

　내 안의 헤로디아는 공동체에서 또 하나의 살로메를 낳는다. "연약한 성도여, 내가 없으면 너는 안 돼"라는 메시지를 자아가 약한 성도에게 흘려보낼 수 있다. 그러나 이런 모습을 의식하기란 쉽지 않다. 우리의 거짓 자아가 내 안의 헤로디아를 인식하지 못하도록 방해하기 때문이다. 또한 내가 봉사하며 얻게 되는 교회와 공동체 안의 지위와 만족감을 버리고 싶지 않기 때문이다. 혹시 우리는 지나치게 확신하고 있지는 않은가. 적어도 나에게는 헤로디아와 살로메의 모습은 없다고. 하지만 가정에서 교회에서 불현듯 불행한 모녀의 초상이 다가올지 모른다. 보이지도 들리지도 않는 억압된 무의식이라는 그림자로.

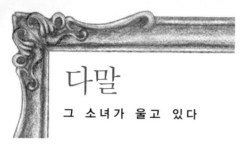

다말

그 소녀가 울고 있다

피해자에게 죄를 묻는 세상

나는 프로이트를 그다지 좋아하지 않았다. 나에게 그의 이론은
지나치게 음란하고 음울하며 비밀스러웠다. 프로이트, 그는 위대
한가? 자문자답을 하자면 지금은 명쾌하게 '예스'라고 답할 것이
다. 치료사로 살아가면서 임상 현장에서 프로이트의 존재감은 나
날이 크게 다가온다. 그의 통찰은 분야를 막론하고 다각도에서
유용한 시각을 열어준다. 무엇보다도 그는 사회적인 저항을 뚫고
성性이라는 불편한 화제를 도마 위에 올려놓았다. 여성을 한낱 부
속물로 취급하던 당대에 편견을 뛰어넘어, 또한 탐구를 위해 사
회적 약자였던 여성과 마주 앉았다. 그는 그녀들의 이야기에 귀
를 기울였다(그의 여성 발달에 대한 연구의 한계에도 불구하고 이러한 시
작은 의미가 있다).

상담에서 만나는 여성들 중에는 직접적인 성폭행, 성추행의 경
험을 당하지 않았더라도 아버지나 이성 형제, 친척에게 성적 두려

움을 느끼는 경우나, 가까운 사람이 희생자가 된 것을 보고 충격받은 경우도 많다. 물론 실제로 그런 폭력을 당한 여성들도 있다. 프로이트는 여성들이 지니는 히스테리의 원인으로 성적 트라우마를 들었다. 대부분의 여성이 어린 시절에 성적 트라우마를 경험했다고 단정할 수 없어서 이후에 이 주장을 거두기는 했지만, 여성은 사회적으로나 신체적으로 약자이고, 위험한 상황에 노출되어 있으므로 본능에 가까운 경계심을 지니며 살아간다고 설명한다.

　얼마 전, 인도에서 전 세계를 떠들썩하게 만든 성폭행 사건이 발생했다. 남자친구와 귀가하던 여대생이 버스 운전기사를 포함한 6명의 남성에 의해 집단 성폭행을 당한 것이다. 그들은 여성의 내장이 거의 남지 않을 정도로 흉악한 짓을 했다. 실낱같은 생명을 붙잡고 있던 그녀는 결국 숨을 거두고 말았다. 이에 인도 국민이 들고일어났다. 여성에 대한 성범죄의 처벌 수위를 높여달라고 목소리를 높였다. 이는 비단 외국의 일만이 아니다. 우리나라 역시 성폭력에 대해 관대하기 짝이 없다. 친부 성폭행의 경우, 재판부는 징역 10년이라는 '중형'을 선고했다고 말한다. 도저히 이해가 안 되는 것은 10년형이 과연 중형이냐는 것이다. 보호의 책임이 있는 부모에게 당한 성폭행이 개인에게 평생 동안 미칠 영향을 과연 생각하긴 하는 걸까? 게다가 출소한 가해자가 다시 피해자를 찾아가 보복하는 확률이 높아 피해자들은 내내 불안에 떨며 살아간다.

어떤 남성이 아르바이트를 하던 동료 여성을 불러내 술을 마셨다. 그리고 자신의 친구를 합석시켰다. 그들은 만취하여 항거불능인 여성을 차례로 성폭행했고 그녀는 쇼크 상태로 방치되었다가 일주일 만에 사망하고 말았다. 법정에 선 남성들은 "여성이 유혹했다"며 가벼운 언행을 일삼고 피식피식 웃기도 하여 유가족을 분노하게 했다. 재판부는 그들이 심신미약 상태였고 여성의 사망에 직접적인 책임이 없으며 사전에 범행을 공모하지 않았다는 점을 들어 2심에서 감형해주었다. 대부분의 성폭행은 음주상태에서 일어난다. 그러나 술 취한 모든 남자가 그런 짓을 저지르지는 않는다. 아니, 심신미약에 음주로 인한 사항을 포함시킨다는 것 자체가 말이 되지 않는다. 남자가 힘으로 제압하면 여자는 당해낼 재간이 없다. 물리적으로 스스로를 보호할 수 없는데, 법마저 손을 놓고 있다면 도대체 무엇으로 자신을 보호한단 말인가.

성경에도 예외 없이 이런 억울한 일을 당한 여성들이 있다. 레아의 딸 디나, 다윗의 딸 다말, 롯의 딸들(광분한 소돔과 고모라 사람들을 달래기 위해 두 딸을 윤간하도록 내어주려 했던 사건)이 바로 그렇다. 이들 중 다말은 이복 오빠 암논에게 성폭행을 당한다. 암논은 다말에게 마음을 빼앗기고 상사병에 걸린다. 이때 사촌 요나답은 암논에게 다말을 육체적으로 제압하라고 부추기며 계략까지 세워준다. 계획대로 암논은 아픈 척하여 다말의 연민을 불러일으키고 그녀를 침실로 끌고 간다. 무자비하게 강간을 시도하는 오빠에게 다말은 이 일이 옳지 않으며, 진정 자신을 원한다면 아버지와 의논하라며 완강히 저항한다. 아버지가 허락하시면 결혼하겠다고 달래기도 하지만 암논은 완력으로 다말을 쓰러뜨린다. 그런데 어이없게도 다말을 무너뜨린 후 암논의 마음은 갑자기 차갑게 식어버린다.

> 암논이 그를 심히 미워하니 이제 미워하는 미움이 전에 사랑하던 사랑보다 더한지라. 암논이 그에게 이르되 일어나 가라 하니 다말이 그에게 이르되 옳지 아니하다 나를 쫓아보내는 이 큰 악은 아까 내게 행한 그 악보다 더하다 하되 암논이 그를 듣지 아니하고 그가 부리는 종을 불러 이르되 이 계집을 내게서 이제 내보내고 곧 문빗장을 지르라 하니 ⋯ 다말이 재를 자기의 머리에 덮어쓰고 그의 채색옷을 찢고 손을 머리 위에 얹고 가서 크게 울부짖으니라(사무엘하 13장 15-19절).

성욕을 채우고 난 뒤 자신을 내동댕이치는 암논을 보며 다말은 몸서리치는 수치와 모멸감을 느낀다. 그녀는 재를 뒤집어쓰고 채색옷을 찢으며 통곡한다. 이 사실을 알게 된 친오빠 압살롬이 동생을 찾아온다. 그런데 그는 이렇게 말한다. "그러나 어쩌겠느냐, 그도 네 오라버니이니 너무 걱정 말고 잊어버려라."

과연 이 말이 다말에게 위로가 되었을까? 그의 말에는 "얼마나 기가 막히냐, 얼마나 분하냐, 네 잘못이 아니다. 암논이 나쁜 것이다"라는 공감이나 위로가 없다. 오히려 다말에게 상처를 잊어버리라는 강요 아닌 강요가 깔렸다. 압살롬은 분노는 했지만 여동생이 고통을 대면하지 못하게 억압한다. 그런 뒤에 혼자 복수를 준비하여 2년 뒤 암논을 암살한다. 복수조차도 고통의 주체인 다말을 철저히 배제한 것이었다. 친아버지 다윗은 어떠한가. 다윗 역시 역정을 냈지만 딸을 범한 아들을 벌하지 않고 그저 침묵해버린다. 결국 희생자 다말은 세상과 담을 쌓고 홀로 고통 속에서 신음한다.

큰 충격이 몸에 가해지면 어딘가 부러지듯, 충격적인 사건 또한 정신구조를 산산조각 낸다. 이것이 바로 트라우마다. 여기에는 천재지변이나 전쟁 같은 강도의 '빅 트라우마big trauma'와 개인적인 상실이나 이별 같은 '스몰 트라우마small trauma'가 있다. 어떤 크기든 트라우마를 대면하는 일은 너무나 힘겹다. 가정 폭력, 갑작스러운 이별과 상실, 이에 따른 고통을 방치하고 억압하면 악몽을 꾸거나 왜곡된 사고를 하거나 기억이 단절되기도 한다. 억압된 트라우마는 정신을 마비시키는 독소가 된다. 그런데 억압조차 실패한다면 그 사건을 연상시키는 무언가를 만날 때, 온몸이 얼어붙거나 식은땀을 흘리는 등 신체반응을 보이기도 한다. 분노와 함께 무력감과 우울, 죄책감으로 신음한다. 도대체 왜 가해자가 아닌 피해자인 그들이 죄책감을 느끼는 걸까.

우리는 이해할 수 없는 일을 당한 이후에, 나에게 이 일이 왜 일어났는지 끊임없이 질문한다. 이 사건의 의미를 스스로 이해하기 위한 질문이다. 처음에는 가해자에게 분노한다. 그런데 사회적 약자인 경우, 분노는 길을 찾지 못하고 벽에 부딪치고 만다. 너무나 큰 상처를 입었지만 보상받을 길이 없기 때문이다. 가해자는 손쉽게 풀려나고 아무 일 없었다는 듯 활개를 치고 다닌다. 그렇게 사회가, 법이, 부모가 피해자를 외면한다. 길을 잃고 헤매다 지쳐버린 딸은 어느 날, 가슴을 치며 자문한다. '왜 이런 일이 내게 왔을까? 내가 잘못 살았나? 내 잘못으로 신이 벌을 내렸나?'

객관적인 이유를 찾지 못한 그녀들은 분노의 화살을 스스로에게 쏘아버린다. 모두 다 자기 탓이라고, 내가 못나서 그렇다고, 나는 늘 이 모양이라고 자학한다. 이미 트라우마의 공격으로 허약해진 자아는 자기 비난으로 더 힘을 잃는다. 그리고 영혼의 숨통을 조이는 절벽 아래로 추락한다. 이렇듯 우울증의 핵심 동력은 '자기 비난'이다. 자기 비난은 해답 없는 문제에 대한 가장 쉬운 해결책이다. 그래서 여성들은 가엾게도 자신을 향해 끝없이 돌을 던진다.

또 하나는 '육체와 영혼이 더럽혀졌다'는 자기혐오다. 원치 않았지만 외부의 힘을 막아내지 못한 무력감이 더해져서 내 몸을 내 것이 아닌 '다른 몸'으로 치부한다. 살아남기 위해 심신을 스스로 마비시키는 고통을 향해 몰지각한 사람들은 무심코 말한다. "네가 제대로 반항하지 않아서 그런 거지." "평소에 단정치 못하게 행동

했잖아." "짧은 치마는 왜 입었어?"

아이와 여성은 가장 쉬운 성폭행 대상이다. 남성에 비해 연약하고 사회적 보호망도 헐겁기 때문이다. 다말은 온 힘을 다해 저항했지만 암논을 당해낼 수 없었다. 성경이 이렇게 기록하고 있음에도 이 사건을 다말이 제대로 반항하지 않았기 때문이라든가, 다윗 가문의 불미스런 사건은 불륜을 저지른 밧세바의 죗값으로 보는 시선들이 있다. 이런 식으로 단정 짓게 된다면 이 또한 암논의 완력만큼 폭력적이다. 이 점부터 찬찬히 살펴보아야 한다. 밧세바는 진정 외도를 한 것일까? 최근 여성 신학자들은 다른 견해를 내놓았다. 욕망에 눈먼 다윗이 그녀의 남편을 죽이고 그녀를 일방적으로 취하였으며 밧세바 역시 성폭행을 당한 것이라는 의견이다. 그녀가 밤중에 목욕하는 모습이 다윗의 눈에 들어오게 된 것은 당시 건축구조에 따른 것일 수도 있다. 그러니 모든 책임을 밧세바에게 돌리고 다윗은 유혹당한 안타까운 처지였다고 보는 관점은 일방적이다. 왕이 부하의 여자를 소유하려는 자체가 권력을 기반으로 한 폭력일 수 있다. 성경에 다말처럼 밧세바가 거절했다는 내용이 없다 하더라도 당시 여성이 목소리를 잃은 서발턴(subaltern, 낮은 서열에 있는 사람. 지배계급에게 눌리고 착취당하여 목소리를 잃어버린 종속계급, 주변계급을 이름)이었다는 점을 감안할 때 밧세바의 실제 경험과 고뇌가 문헌에 상세히 그려지지 않았을 수도 있다.

강간이나 성폭행에 대한 편견을 강간통념rape myth이라고 한다.

실상은 그렇지 않은데 사회적으로 옳다고 믿고 또한 믿도록 강요하는, 강간에 대한 우리의 편견들을 의미한다. 강간통념은 사회가 피해자 가족에게 휘두르는 또 하나의 폭력이다. 많은 사람이 가정교육 탓이라거나 집안에 죄가 많아 그렇다고 손가락질한다. 가해자는 성폭행 경험을 훈장처럼 떠벌리고 피해자는 죄인처럼 숨어버린다. 성폭행 사건을 조사하는 과정에서 피해 여성이 남성 조사원의 언어폭력에 시달리다가 고소를 취하하는 경우도 많다. 그들은 종종 가족과 자신을 지키기 위해 세상에 알리는 것을 포기하고 홀로 고통당하는 것을 선택한다. 같은 여성이더라도 지지해주기보다 회피하고 방관하거나 남성의 편에 서는 경우도 많다. 한 여성이 친척 오빠에게 성폭행을 당했다. 고민 끝에 간신히 어머니에게 이야기했는데 어머니의 반응은 "어휴, 내가 죽어야지"라는 한숨뿐이었다. 어머니와 아버지는 이외의 어떤 행동도 하지 않았고 그 사건은 집안에서 소리 없이 묻혔다. 그런데 이 침묵이 그녀에게 더 큰 상처로 남았다. 이제 그녀는 가해자보다, 침묵했던 부모에게 더 큰 분노를 느낀다.

삶을 잠식하는 성폭력

치료실에 한 여성이 찾아왔다. 극심한 불안과 분노에 아무것도 할 수 없어서 심리치료를 받겠다고 했다. 그녀는 종종 성적인 것을 암시하는 상징들을 그렸고 외부의 힘 앞에서 무력한 자신을 표현하곤 했다. 심리치료를 시작한 지 수개월이 지나서야 그녀는 비밀을 털어놓았다. "일곱 살 때부터 아빠가 나를 성추행했어요."

가해자는 아이에게 말한다. "내가 너를 정말 사랑해서 그런 거야." "이건 너와 나의 비밀이야. 누구에게도 말해선 안 돼. 알려지면 너와 우리 가족에게 큰일이 날 거야."

가해자의 폭력이 사랑이라는 거짓을 믿도록 피해자는 어린 시절부터 강요당한다. 아이들은 오감을 통해서 이것이 불쾌하고 아프고 힘든 경험임을 지각하고, 이를 바탕으로 나쁜 것, 옳지 않은 것으로 판단한다. 그러나 가해자의 왜곡된 암시가 아이 스스로의 감각을 믿지 못하게 만든다. 그렇게 자신의 진정한 느낌과 감정, 의지를 차단당한 채 폭력을 수용하도록 길들여진다. 나쁜 부모(형제)라도 없는 것보다는 있는 편이 낫고, 자신을 사랑해서 그런 것이며, 아빠(오빠)도 어쩔 수 없었다고 믿게 된다. 그러나 고통은 생생하고 아이들은 날마다 지옥에서 산다.

만성적 폭력은 거식증이나 폭식증 같은 섭식장애의 원인이기도 하다. 어린 시절부터 만성적 성폭행을 당한 많은 딸이 이 증상에 시달린다. 가해자는 폭력을 반복해서 휘두르며 피해자의 내면에 자리 잡는다. 아무리 시간이 흘러도 여전히 가해자는 피해자의 내면에서 자리를 잡고 공격하기 때문에 딸은 자신의 몸이 더럽다고 여기며 스스로에게 벌을 준다. 영국의 미술심리치료학자 메리

레번스Mary Levens는 그의 저서 《섭식장애와 미술치료》에서 폭식 행위를 면밀하게 관찰했다. 폭식 행위에는 자신의 몸이 지속적으로 침범당했기 때문에 음식을 엄청나게 섭취하여 몸의 한계를 생생히 느끼고자 하는 무의식적인 의도가 있다고 설명한다. 몸이 음식으로 가득 차는 기분 속에서 자기 존재감을 확인한다. 공허한 내면세계 역시 음식으로 채워진다. 딸들은 성폭행당한 경험을 음식에 투사시켜 음식을 독처럼 여기며 두려워한다. 다이어트 때문에 음식을 거부하는 척하지만 실은 내면 깊은 곳에 도사린 기억 때문에 음식을 거부하는 것이다. 폭식의 반대편에는 거식증이 있다. 어떤 거식증 여성은 줄어드는 몸무게를 보며 이 세상을 차지하고 있던 자기 존재의 분량이 줄어들었다며 안도하기도 했다. 섭식장애는 무력했던 자신을 보상하기 위해 먹는 행위를 통제하여 빼앗긴 자율성을 되찾고자 하는 시도이다. 이렇게 성폭력은 육체와 정신을 유린할 뿐 아니라 개인의 자율성을 파괴하고 가족의 삶까지 망가뜨린다. 안타깝게도 다말은 어떤 지지도 받지 못했고 어떤 시도도 하지 못했다. 부모도 형제도 이 문제에 대해 침묵함으로 다말을 절망에 빠뜨린다. 그녀는 이 불행 앞에 어떻게 대처해야 했을까. 어떻게 기억을 딛고 인생의 다음 페이지를 넘겨야 했을까.

울고 나누고 일어서고 춤추며

먼저 그 일이 내게 일어난 사건이었음을 분명하게 인정해야 한다. 기억을 왜곡하여 자아를 보호하는 단계에서 벗어나 사건과 용기 있게 대면해야 한다. 치유는 그때 시작된다. 인정하는 일이 더 큰 생채기를 내는 것처럼 보일 수 있다. 살점 아래 박힌 총알을 꺼내야만 하는데 그러기 위해서는 총알이 나올 길을 뚫어야 한다. 총알을 묻어두고 싶을 만큼 아프겠지만 그 고통은 감당할 가치가 있다. 남은 내 인생을 트라우마에 빼앗기지 않기 위한 고통이기 때문이다.

치유의 두 번째 단계는 자신의 솔직한 감정을 되살리는 일이다.

"그게 별일인가요? 힘없는 여자들이 그렇죠, 뭐."

"날 그렇게 쳐다보지 마세요. 세상에는 이보다 더한 일들도 있다고요."

치료실에서 나는 아픈 기억을 무덤덤한 척 이야기하는 여성들을 만난다. 그녀들은 억압을 통해 기억을 떨치는 것인데, 기억뿐 아니라 본성과 에너지까지 억누르고 있었다. 우리는 성장하기 위해 저마다의 심리적 과제를 완수해야 한다. 그런데 에너지를 성장을 위해 쓰지 못하고 억압에 소진하기 때문에 집중력이 떨어지고 관계를 잘 맺지 못하고 열정을 잃어버린다. 이제는 진정한 자신을 만나야 한다. 더 이상 진짜 자기를 어두운 방에 가두지 말고 스스로 인정해주어야 한다. 아프다고, 무서웠다고, 분했다고, 도망치고 싶었다고, 가만두고 싶지 않았다고 울부짖는 나의 목소리에 귀를 기울여야 한다. 그리고 그 소리를 들어줄 수 있는 다른 누군가가 필요하다. 진정으로 들어줄 그 누군가가. 마음 깊은 곳 어딘가에 있을 눈물샘을 찾아줄 그 사람이.

우리 곁에 울고 있는 소녀가 있다면 압살롬처럼 인내를 강요하는 오빠가 되어서는 안 된다. 다윗처럼 침묵하는 아버지가 되어서도 안 된다. 훗날 압살롬이 암논에게 복수했다고는 하지만 피해 당사자의 목소리를 배제시켰으니 다말에게 진정한 치유가 될 수는 없다. 치유는 누가 대신 해줄 수 있는 것이 아니다. 가족과 사회의 포용 속에 상처 입은 자가 스스로 일어설 때 비로소 이루어진다.

니키 드 생팔(Niki de Saint Phalle, 1930–2002)은 폭력이 남긴 어둠 속에서 끊임없이 자기의 언어를 창조했던 프랑스의 여성 화가다. 1930년대, 프랑스를 강타한 대공황으로 그녀는 부모 곁에서 떨어져 외로운 어린 시절을 보낸다. 그러던 중 열한 살 때 친아버지에게 성폭행을 당하고 그 충격으로 요양소에 들어가 그림을 그리기 시작한다. 그림은 누구에게도 말할 수 없었던 상처에 대한 기록이자 자신의 소리를 잃지 않고자 하는 절박한 시도였다. 그녀는 주로 석고에 물감을 총으로 쏘아서 뿌리는 작업을 했는데 저격 대상은 남자, 아버지, 어머니, 학교, 사회, 즉 모든 세상이었다. 니키는 말했다. "나는 희생자 없는 전쟁을 했다."

그녀는 작업할 때 늘 흰색 옷을 입었다. 비록 자신의 성은 짓밟혔지만 영혼마저 파괴할 수 없다는 강한 저항의 표현이었다. 그러던 어느 날 그녀는 동료 화가가 임신한 아내를 그린 그림 앞에서 충격을 받는다. 그림 속에 흐르는 강한 생명력이 온몸을 압도했다. 피해자로 싸우기만 하던 니키가 여성이 지닌 힘을 새롭게 발견한 순간이었다. 그때부터 음울하고 전투적이던 그림이 밝은 색채를 입기 시작한다. 캔버스는 화사하게 만개한다. 몸은 둥글둥글 따스해져갔고 동작들은 밝고 명랑해졌다. 그리고 〈미의 세 여인〉에서 우리는 그녀의 화사한 영혼을 만난다.

여인들이 춤을 춘다.
검은색, 분홍색, 노란색의 알록달록한 여자들이
어린아이처럼 뛰어오른다.
가슴에는 꽃과 하트가 빛난다.
그녀들은 순진한 원색의 난쟁이다.
천진한 빛이 도시를 춤추게 한다.
약탈의 도시 한가운데서 여인들은 폭죽을 쏘아 올린다.
누가 감히 그녀들을 막아서겠는가.
편견의 시선일랑 아랑곳없이
육중하고 당당한 몸체로 생을 노래한다.
그러고는 짓궂은 윙크를 던지며 내게 손을 내민다.

니키 드 생팔, 〈미의 세 여인〉
1999년, 뉴욕 파크애비뉴, 미국

Shall we dance, 춤추실래요?

　니키 드 생팔은 노년에 펴낸 자서전에서 처음으로 성폭행 사실을 밝힌다. 그리고 아버지를 용서하며 평생을 시달린 고통에 마침표를 찍는다. 그림 안에서 어느덧 치유를 가져다준 그녀의 또 다른 니키, 니키는 그녀들을 '나나'라고 불렀다. 스스로 분노와 적개심을 수용하고 그 감정이 소통할 기회를 줄 때 치유는 시작된다. 그러면 잠재된 자원들이 꽃피울 수 있는 기회가 열린다. 생기 넘치는 그녀의 이름은 나나. 자신의 몸체를 마음껏 부풀리고 뽐내는 나나. 다말의 처량함은 내려놓고 이제는 나나를 만나야 한다. 세상의 여성들이 나나와 함께 춤추며 노래하는 그날을 꿈꾸며!

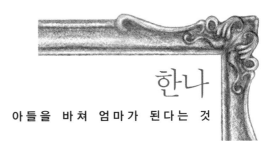

한나

아 들 을 바 쳐 엄 마 가 된 다 는 것

캐사트(Mary Stevenson Cassatt, 1844-1926)는 19세기에 남성들이 지배하던 화단에서 조용히 자신의 존재를 알린 인상주의 여성 화가다. 그녀는 평생 독신으로 살며 따뜻하고 정감 어린 수많은 모자상母子像을 그렸다. 아이가 엄마 무릎에 앉아 있다. 졸음이 오는 걸까? 몽롱한 눈으로 칭얼대는 아이를 안고 있는 엄마의 몸짓은 다정하고 안정감이 있다. 엄마와 아이는 무엇도 침범할 수 없는 친밀함에 싸여 있다. 캐사트의 그림은 거대한 사회문제를 다루지 않았지만 모성이라는 여성성을 충만하게 구현하여 당대 남성 화가의 그림과 구분되는 그녀만의 작품세계를 이루었다. 독신이었던 그녀는 출산이나 육아의 경험은 하지 못했다. 하지만 그림 속에서 수많은 아이들을 품으며 어머니로서의 특별한 즐거움을 향유했을지도 모른다.

메리 캐사트, 〈엄마와 아기〉
1890년, 캔버스에 유채, 90×64.4cm, 개인 소장

엄마 되기의 힘겨움

엄마라는 말은 참 묘한 울림을 준다. 모녀관계를 연구하던 중 중년 여성들을 인터뷰할 기회가 있었는데 그들에게 '엄마' 하면 무엇이 떠오르냐고 물었다. 그들은 거의 비슷한 대답을 했다.

"'엄마' 하면 따뜻하고, 부드러운 느낌이 들어요. 전적으로 내 편이 되어주는 사람… 그립고 보고 싶고… 아아, 왜 눈물이 나지."

중년의 나이여도 엄마, 하고 부르는 순간 우리는 어느새 어린 딸이 된다.

어머니라는 존재는 대지의 이미지로 여겨져왔다. 인간은 어머니의 배를 빌려 탄생하고 이러한 여성적 특성은 고대 나신裸身의 여신상에서 둥근 엉덩이, 임신한 배, 풍만한 유방으로 표현된다. 모성, 어머니는 여행자가 가던 걸음을 멈추고 돌아보는 정서적인 고향이기도 하다. 인생의 여정을 마친 뒤 돌아가야 할 마지막 무덤이요, 지하세계이기도 하다. 하지만 엄마라는 존재를 지나치게 이상화시켰다고 비난하는 견해도 있다. 가부장제를 유지하기 위해 여성의 다양한 정체성의 측면들을 비하하고 어머니로서의 측면만 지나치게 이상화해 사회적으로 억압하는 역할을 해왔다는 것이다. 그러나 이 비판은 여성들이 그렇게 이상화될 만한 특별함을 지니고 있다는 의미도 되리라. 여성 정신분석가 카렌 호나이 Karen Horney가 남성들이 아기를 갖기 원한다는 욕망을 은밀하게 품고 있음을 발견하고 얼마나 놀라워했던가.

여성은 해산이라는 과정을 몸으로 겪어낸 뒤 엄마가 된다. 단순히 아이가 생겼고 엄마가 되었다는 인식의 차원이 아니다. 이는 몸을 뒤흔드는 강력한 체험이다. 배가 둥글게 부풀어 오른다. 보이지 않는 생명체가 발길질하면 배가 툭툭 흔들린다. 아기가 나가겠다고 신호를 보내면 뼈가 벌어지고 자궁이 열리며 고통이 시작된다. 극한의 아픔을 견뎌낸 여자의 몸은 예전과 달라진다. 온몸 곳곳이 갈라지고 터진다. 뱃살은 늘어지고 엉덩이도 처진다. 그렇게 여자의 몸은 엄마의 몸으로 변형된다.

그렇다면 모성이란 어떻게 형성될까? 임신 사실을 안 순간부터, 아니면 고통을 견디고 아기를 낳는 순간부터 깃드는 걸까? 우리는 임신했음을 알게 되면 무조건 기뻐야 하고 아기용품점에 가서 예쁜 신발을 보며 벅찬 감격을 느껴야 한다고 믿는다. 왜냐하면 모 분유회사의 광고처럼 "난 엄마니까."

그러나 현실은 의외로 다르다. 출산한 엄마들을 인터뷰한 결과 자신이 엄마가 되었음을 실감하지 못하는 경우가 많았다. 난산을 했거나 경제적으로 어려운 엄마들은 아이를 낯설게 느끼거나 부담스러워하기까지 했다. 믿고 싶지는 않겠지만 그것이 현실이다. 엄마로서의 정체성은 출산이라는 일회적 사건으로 완성되지 않는다. 모성은 아기와 보내는 시간과 경험을 통해 실제적인 것이 된다. 젖을 먹이고, 안아주고, 옷을 입히고, 목욕물의 온도를 맞추며, 밤새 칭얼대는 아기를 달래주는 일이 지속되면서 모성은 구성된다. 아기에게 더 나은 환경을 만들어주기 위해 직장에서 일할 때, 지친 몸을 끌고 귀가하여 방긋 웃는 아기를 보며 침대에 몸을 누일 때, 이렇듯 다양한 역할을 수행하면서 엄마가 되어간다(이것은 아버지도 마찬가지다). 스스로 생존할 수 없는 나약한 아기에게 수유하는 경험 역시 그러하다. 아기의 몸과 엄마의 몸 전체가 밀착하여 전달되는 따뜻한 체온, 힘찬 흡입, 배불러 행복해하는 아기를 보며 여성은 자신이 엄마가 되었음을 재확인한다. 이러한 경험은 아기와 부모를 둘러싼 주변의 지지를 통해 강화된다.

그렇다고 엄마가 되는 과정이 늘 좋은 것만은 아니다. 절대로 그렇지 않다! 나는 늦둥이를 출산하고 1년 반 정도 힘든 시간을 보냈다. 노산이었던 데다 출산 과정에서 위험한 고비를 넘긴 탓에 건강이 급격히 나빠졌다. 출산 직후 산적한 강의와 상담, 공부 또한 미룰 수가 없었다. 밤늦게 지쳐서 집에 돌아와도 강의 준비며 리포트 때문에 쉴 수가 없었다. 문을 열고 들어오면 막내 현준이가 기다렸다는 듯 엄마 품으로 달려왔다. 짧고 통통한 두 팔을 벌리고 물 마시는 병아리처럼 목을 한껏 세운 채, 조그마한 발을 발레리나처럼 세워 보행기를 힘차게 밀어제치면서 말이다. 하지만 난 너무 지쳐 있었다. 사랑하는 엄마를 향한 아기의 애착행위에도 불구하고 해야 할 일에 짓눌려 아이를 반갑게 안아줄 수가 없었다. 어떤 경우는 오히려 아기가 부담스럽기까지 했다. 종종 아기를 밀쳐놓고 일에 몰두하면 아기는 보행기를 탄 채로 내 옆에서 서글프게 울어댔다. 아이를 제쳐두고 나는 일을 했다. 그리고 이 렇게 다짐했다. '견뎌야 돼. 해야 돼. 아기가 울어도 나는 지금 이 시간을 넘어가야 해.'

그때마다 남편이 힘이 되어주었지만 엄마를 찾으며 우는 아기 를 보며 순간순간 회의감에 젖었다. 양육은 달콤하기도 하지만 전 쟁이기도 하다. 특히 일하는 엄마는 아이들에 대한 미안함과 일에 대한 회의로 이중고를 겪는다. 사회활동에서 얻는 성취감을 포기 하지 못하는 자신을 이기적이라고 느낀다. 남녀평등의 시대라고 하지만 여전히 집에서 부모의 역할은 남녀로 분명하게 나뉜다. 설 거지나 청소는 남편이 하지만(그나마 깬 남자들이 한다) 기저귀를 갈거나 아기를 재우거나 목욕을 시키고 아침식사를 준비하는 것 은 여전히 아내의 몫이다. 심지어 어느 신문기사에서 여성이 사회 에서 성공하려면 아이를 안심하고 맡길 수 있는 전업주부인 이모 가 필수조건이라는 말까지 나올까.

한나의 특별한 결정

한나를 보라. 그녀는 그토록 원했던 아이를 낳고 젖을 떼자마자 성전에 보낸다. 통념상 좋은 엄마의 행동은 아니다. 관습에 따른 좋은 엄마란, 아이를 위해서 헌신하고 아이와 시간을 보내며 아 이에게 필요한 전부를 주는 사람이다. 물론 한나가 자녀를 바치겠다고 서원했고 약속을 이행한 것이었지만 한나 입장에서는 엄청난 상실을 감당하는 행위였다. 젖떼기란 아기와 전능하게 융합되어 있던 상태로부터 최초로 분리되는 경험이다. 아기는 치아가 자라면서 엄마와 자신이 분리된 존재임을 명확하게 지각한다. 이유식을 시작하면서 모자간 분리의 중요한 첫 번째 정점을 찍는다. 이때 아기는 젖꼭지를 놓지 않으려 울기도 하고 이유식을 거부하기도 한다. 엄마 역시 서운하다. 아기가 자라는 모습이 기특하지만 환상적인 융합의 경험이 끝난다는 건 상실 그 자체다. 그러나 아기가 성장하기 위한 자연스러운 과정이기에 서운함보다 기쁨이 더욱 크다. 그런데 그토록 바라던 아이를 젖 떼자마자 성전에 보내다니 그야말로 생이별이다. 사실 모자간의 애끊는 이별은 죽음뿐 아니라 다른 방식으로 찾아오기도 한다. 아기를 다른 곳에 보내야만 하는 엄마도 있다. 아기의 존재를 인정받지 못하는 상황에서 경제적 압박까지 오면 부모와 아기가 함께 생존하기 위한 최후의 선택으로 아기를 떠나보내는 피눈물 나는 선택을 할 때가 있다.

둘째를 난산하고 바로 공부하고 일했던 나는 책이나 드라마에서 봐왔던 이상적이고 좋은 엄마는 아니었다. 이상적인 엄마는 아무리 고단해도 아이를 위해 초인적 힘을 발휘해야 하지 않는가. 그러나 나는 힘이 모두 바닥나버려 그 무게를 감당하지 못해 스스로를 보호하고자 무의식적으로 방어하고 있었다. 다행히 시부모님이 전적으로 도와주셨고 아이가 손이 덜 갈 정도로 자란 후에야 한숨을 돌린 나는, 그제야 둘째 현준이의 특별한 어여쁨이 눈에 들어오기 시작했다. 그 당시 이상적 모성상과 대치되는 나의 태도는 참 당혹스러웠다. 하지만 그 당혹스러움은 내 모성의 의미를 다시 생각하게 된 계기가 되었다. 나 자신이 먼저 행복해야 자식에게 줄 양분이 나오고 나 자신을 잃어버리지 않아야 자식을 있는 그대로 사랑할 수 있었다. 여성의 일과 모성의 수행은 다른 것처럼 보이지만 깊이 연결되어 있다. 그래서 알게 되었다. 모성은 절대 불변의 그 무엇이 아닐 수도 있다는 사실을. 희생적 모성이라는 것도 여성 개인의 삶의 맥락에 따라 다른 의미와 행위로 나타날 수 있다는 것을. 나의 모성 또한 제한적이고 조건적일 수밖에 없음을 내 온몸으로 알게 되었다.

　한나의 모성은 어떠했을까. 한나는 경제적으로도 정서적으로도 부족함이 없었다. 절실히 아기를 원했고 양육하기에 좋은 환경이었다. 하지만 아기를 낳을 수 없었던 한나는 온몸을 던지는 애끓는 기도를 했고 끝내 잉태하였다. 감격한 그녀는 아기를 하나님께 바치리라 서원했고 젖 뗄 무렵이 되자 성전으로 데려온다. 그리고 정해진 날, 그녀는 아기를 보기 위해 성전에 찾아와 아기를 안고 선물을 건넨다. 언급했듯이 그녀의 선택은 우리가 보편적으로 보는 엄마의 태도는 아니다. 표면상 아기를 성전에 바친 그녀는 신앙에 눈멀어 자식을 돌보지 않고 엄마의 역할을 포기한 나쁜 엄마처럼 보인다. 그러나 놀랍게도 그녀는 자의적으로 아기를 포기한다. 순전히 하나의 자율적인 결단이었다. 그녀가 결단할 수 있었던 까닭은 그토록 간절히 원했던 것, 생명을 품는 기적이 오직 전능자의 은혜로만 가능하다는 사실을 분명히 알기 때문이었다.

모자는 성전에서 예배를 드릴 때만 만날 수 있었고, 제한된 만남에서 아들을 향한 모성은 더욱 강렬해졌다. 우리는 자연스럽게 펼쳐지는 일상의 소중함을 잘 느끼지 못한다. 하지만 특별한 시공간으로 제한되면 서로를 향한 그리움은 더욱 깊어진다. 아기와 만날 날을 기다리는 동안 한나의 엄마로서의 정체감은 충만해진다. 그녀는 만남을 고대하며 아기를 위해 옷을 짓고 하고 싶은 말을 생각한다.

실제로 사무엘은 엄마와 좋은 애착을 형성한 것으로 보인다. 하나님과 사무엘의 관계를 보면 이를 짐작할 수 있다. 하나님이 잠자고 있던 어린 사무엘의 이름을 부르셨을 때, 아이는 엘리 제사장의 조언을 듣고(하나님이 사무엘을 세 번이나 부르시자 엘리는 사무엘에게 어떻게 응답할지 알려준다) "네, 주님. 저 여기 있어요"라며 나아간다. 은밀하게 찾아온, 눈에 보이지도 않는 전능자를 천진하고 두려움 없이 맞아들인다. 보스턴대학 목회상담학 교수 클레어 Michael Saint Clair는 신과의 관계 경험은 어린 시절에 부모와 형성된 관계성에 기초한다고 보았다. 부모와 안정된 애착을 형성한 사람은 하나님과의 관계도 안정적으로 형성한다는 것이다. 보이지 않는 신을 믿고 그의 사랑까지 믿을 수 있는 능력은 어린 시절부터 쌓아온 경험에서 나온다. 사무엘은 위엄 어린 제사장이었다. 하나님과 깊은 교제 속에 있던 그는 나약한 사울의 비신앙적 행위를 꾸짖으면서도 안쓰러워했다. 이렇듯 그는 다양한 정서를 사용하며 관계를 맺어가는 사람이었다.

아이를 두고 일하는 엄마의 선택과 사무엘을 성전으로 보낸 한나의 선택, 그 의미를 생각해본다. 한나는 멀리서 아이를 그리워할 뿐 함께 일상을 보낼 수는 없었다. 자신의 삶을 살다가 아이와 제한적으로 만나는 것으로 최선을 다했다. 이 시대에 한나처럼 일하는 엄마들의 선택 역시 존중받아야 한다. 아이와 늘 같이 있어야만 좋은 모성이 아니다. 엄마가 가정경제에 기여하고 맡겨진 일에 충실한 모습으로 자녀에게 모델이 되어주는 것. 그렇게 자기실현 하는 엄마를 자녀가 자랑스러워한다면 이 역시 모성적 활동이 될 수 있다. 여성의 노동과 양육을 분리해서 보는 것이 아니라, 노동 역시 모성 역할의 적극적인 측면으로 여기는 것이다. 이러한 시각의 변화는 모성에 대한 의미를 재구성할 필요를 보여준다.

자기 존재를 향한 절박한 추구

하나님은 한나에게 사무엘 외에 또 다른 자녀들을 허락하셨다.

하여 여느 엄마들처럼 아이와 일상에서 희로애락을 누린다. 한나의 이야기는 여기에서 끝난다. 하지만 남성에 비해 여성의 이야기가 상대적으로 적은 성경에서 한나의 인생은 결혼과 출산, 양육 과정에서 남성과 구별되는 여성만의 독특한 발달에 대해 들려준다.

현 시대의 눈으로 보면 출산에 몰두한 한나가 진부하게 보일지도 모른다. 그러나 그 시대에 여성이 자기실현을 할 수 있는 길은 오직 출산뿐이었다. 처녀는 출산의 가능성 때문에, 엄마는 양육의 책임이 있기 때문에 가치를 인정받았다. 그래서 한나는 아들을 달라고 간구했다. 단순히 아들을 낳고 싶다는 소망 이상인 자기 존재에 대한 절박한 추구였다. 시대적 정황을 고려한다 해도 한나는 여전히 가정이라는 사적 공간에 갇힌 수동적 존재로 보일 수도 있다. 그렇지만 가정에 충실한 여성을 남성의 폭력에 길든 탓이라고 보는 시각은 가정 내 여성의 역할을 지나치게 과소평가한 것이 아닐까. 물론 여성이 사적 공간에서 공적 공간으로 영역을 확장하는 일은 여성의 자기해방이라는 측면에서 중요하다. 하지만 관계지향적인 여성의 특성이 인간사회에 기여한 부분마저도 가볍게 치부할 이유는 없다. 당시 한정된 여성의 존재성, 아기에 대한 집착을 사회에 매몰된 타자라고 비난할 수 없는 맥락들, 그 안에서 정체성을 변화시키려 했던 간절한 바람, 아기를 바치는 헌신, 제한되었을지라도 엄마로서 아이에게 줄 수 있는 결정적 사랑을 수행한 결단력… 한나의 삶은 비록 사회문화적 맥락은 다르더라도 자기를 잃지 않고 자기실현을 이루고자 하는 현 시대 여성과 엄마들에게 모성에 대한 의미를 확장시킨다.

그렇다면 무자녀 가정은 어떠한가. 그것은 모성이 발달할 수 있는 기회가 결핍된 미숙한 가정인가. 그렇게 생각한다면 이 역시 모성을 지극히 한정적으로 가두어버린 생각이다. 모성은 더 넓은 차원으로 확장할 수 있다. 출산과 양육의 길을 걷지 않는다 하더라도 개개인마다 허락된 또 다른 형태의 '엄마됨'의 부름이 있다. 출산과 양육, 가사노동만이 모성 경험의 전부는 아니다. 다른 아이들이 커가고 성장하며 세상에 적응해가는 모습을 지켜보는 일, 생명의 신비와 존엄을 느끼는 것, 이를 지키기 위해 사회운동에 참여하는 일 또한 모성의 실천이다. 연구에 의하면 모든 여성은 출산 여부를 떠나서 잠재적으로 모성에 대한 언어를 가지고 있다. 여성은 어두운 가부장제의 역사에서도 이웃과 사회에 여성성을 실천하며 살아남았다. 그 역사를 따라 우리 시대 여성들도 한정된 모성의 개념을 넘어 더 넓은 창조적 모성을 실현할 수 있을 것이다. 캐사트는 아기를 원했으나 독신이었기에 낳을 수 없었다. 그러나 그녀는 그림 속에서 많은 아기들을 잉태하고 출산했다. 그리고 지금 우리는 캐사트가 그린 아기들을 보며 환한 생명의 빛을 느끼고 있지 않은가.

앙리 루소(Henri Rousseau, 1844-1910)의 〈꿈〉에 나오는 정글은 환상
적이다. 화려한 꽃과 나무 사이에 느닷없이 소파가 있고 벌거벗은
여자가 앉아 있다. 정글이지만 소파가 있어 여자는 문명과 완전히
단절된 것 같지는 않다. 소파에 드러누운 모습이 제 집인 양 편안
해 보인다. 여자는 어두운 숲이 두렵지 않다. 사자와 뱀, 새들은 여
자와 숨바꼭질이라도 하는 듯 숨어 제 몸의 일부만을 드러낸다.

정글은 무의식이 그려낸 꿈과 환상의 공간이다. 여자는 무의식
이라는 이름의 정글에서 자신의 욕망과 소망, 기억들을 바라본다.
의식의 눈으로 무의식을 대면하면 이를 감당할 수 없기에 자기를
감추거나 변장을 한다. 물론 의식은 무의식 전부를 볼 수 없다. 볼
수도 없고, 보아서도 안 되는 은밀한 내면의 비밀들. 그림 속에서
여자의 의식과 무의식은 숨바꼭질하며 그녀만의 역동을 생성하고
있다. 그러나 우리는 이 정글이 위험하다고 생각한다. 자칫 정글
에 관심을 가졌다가는 고상하고 영적인 나의 삶이 오염될 거라고

앙리 루소, 〈꿈〉, 1910년, 캔버스에 유채, 204.5×298.5cm, 뉴욕 현대미술관, 미국

두려워한다. 그렇게 정글을 철창으로 꼭꼭 닫아두면 누구나 똑같이 쓰고 있는 사회적 가면 뒤에 있는 '진짜 나'는 질식당한다. 그림 속의 여자처럼 억압된 소망과 감정을 용기 있게 볼 수 있다면, 환상이라는 놀이터에서 의식과 무의식이 숨바꼭질하며 놀 수 있도록 스스로에게 기회를 준다면, 우리는 자신이 속한 환경에서 가장 자기다운 길을 선택할 수 있을지도 모른다. 종종 스스로에게 실패를 준다 하더라도 실패를 통해 이 두 세계를 조율할 수 있는 값진 도구를 손에 넣지 않겠는가.

아이가 도망친 곳

치료실에 여섯 살 된 남자아이가 찾아왔다. 반짝이는 눈망울에 포실한 두 뺨이 귀여운 아이였다. 아이는 '유사자폐' 진단을 받았다. 아이에게 나무를 그려보라고 했다. 대개 한 그루를 그리는데 아이는 네 그루를 그리더니 '가족 나무'라고 했다. 줄기에 적은 38, 36, 13, 4라는 숫자는 가족의 나이였다. 아이는 그중 열세 살 된 나무를 가리켰다.

"이건 네 살 나무의 형이에요. 형은 어린 나무와 함께 있어요. 어린 나무와 언제나 놀아주고 보살펴줘요."

엄마와 상담을 하는데 그림을 본 그녀는 한숨을 쉬었다.

"애가 아직도 그때 일을 기억하나?"

아이가 네 살 때, 엄마는 아이를 책상에 앉혀놓고 2시간 동안 수학문제를 풀게 한 적이 있다고 했다. 아무것도 모르는 나이, 마냥 신나게 놀아야 할 조그만 아이에게 문제를 풀라고 심하게 다그쳤다. 몸을 뒤틀거나 말귀를 못 알아들으면 사정없이 때렸다.

"그때 내가 제정신이 아니었어요. 시간이 지나면 아이가 다 잊을 거라고 생각했는데…."

그날부터였으리라. 아이가 자폐라는 껍질 속으로 움츠러든 것은. 아이에게 그 시간은 지옥과 같았을 것이다. 어디론가 도망치고 싶지만 갈 곳이 없다. 절망에 빠진 아이는 현실에서 스스로를 분리시킨다. 몸은 여기에 두고 마음은 저편, 보이지 않는 세상으로 떠나보낸다. 그곳은 무서운 엄마도 수학문제도 없다. 그 대신 나를 지켜줄 든든한 형이 있다. 상상 속에서 만들어낸 가상의 형은 나를 사랑하고 아껴주고 원하는 것은 다 들어준다. 몸은 괴롭지만 그곳에 가면 마음만은 구름처럼 가볍다. 몸에서 정신을 떼어낸 아이는 어디로 갔을까? 아이가 도망친 곳은 자폐라는 자신만의 환상세계였다. 그곳은 살아남기 위한 마지막 피난처였다.

프로이트는 환상을 '좌절의 결과물'이라고 했다. 현실에서 실패한 이가 좌절을 견디지 못하고 만들어낸 대체물이 환상이라고 했다. 하지만 이후의 심리학자들은 환상이 지니는 가치를 발견했다. 환상이란 그 자체로 의미가 있는데 인간이 태어날 때부터 가지고 있는 것이며 이것이 현실의 고통을 극복해내는 수단이 될 수 있다는 것이다. 우리는 모두 환상과 더불어 살고 있다. 정신적으로 건강하다고 자부하는 사람일지라도 예외는 없다. 삶이 누추하다 여겨질 때, 현실을 벗어날 길이 없어 막막할 때 환상에 빠져든다. 그러나 이에 휘둘리지 않고 적절하게 다스릴 수 있다면 환상은 흑백 사진 같은 일상에 눈부신 빛을 전해준다.

환상에서 무엇을 보았나

하갈이라는 여인이 있었다. 그녀는 애굽에서 온 이방인이요, 아브라함(아브람)의 아내인 사라(사래)의 여종이었다. 여주인은 아기를 낳지 못하는 자괴감을 덜고 대리만족을 얻기 위해 남편에게 여종을 바친다. 사라는 많은 여종 가운데 왜 하갈을 선택했을까? 하갈은 출산하기 좋은 튼실한 몸을 지녔을 것이다. 사라는 출산 후에도 자신에게 충성을 다할 것 같은 여종을 눈여겨보았을 것이다. 어떤 명령이든 순종하는 수동적인 소녀여야 한다. 지나치게 총명하거나 자의식이 강했다면 선택되기 어려웠으리라.

　마침내 하갈은 사라가 그토록 바라던 아기를 임신한다. 사라는 자신이 임신한 양 기뻐했지만 감격도 잠시였다. 노예였던 하갈의 태도가 달라진 것이다. 사라에게 완벽하게 복종했던 여종은 자신의 처지를 잊고 여주인을 멸시하기 시작한다. 믿는 도끼에 발등을 찍힌 격이다. 하갈에게 무슨 일이 일어난 것일까? 어린 하갈의 내면에 일시적인 심리적 팽창inflation이 일어났다. 심리적 팽창은 현실이 거품처럼 부풀어 오르는 상태, 그 거품이 곧 자신인 양 착각하는 상태를 의미한다. 심리적 팽창에 이르면 자신의 콤플렉스를 지나치게 보상하려는 마음이 생기고, 스스로가 대단한 인물이라 뭐든지 다 해낼 수 있을 것 같은 기분에 빠진다. 상대의 마음을 꿰뚫어보는 것 같고, 타인의 고통에 무감해지며, 남을 무시하는 조적(躁的, manic) 상태가 된다. 심리적으로 팽창한 상태는 남루한 삶을 망각하게 하는 일종의 도피처다. 하지만 거품은 가라앉는다. 거품은 거품일 뿐이다. 현실이 아니기에 오래 머물면 대가를 치르게 된다. 전능하고 충만한 기분으로 일을 잔뜩 벌여놓거나 사람들에게 큰소리쳤던 일들이 언젠가 고스란히 되돌아온다.

하갈의 행태에 분노한 사라는 아브라함에게 탄원하여 하갈을 마음대로 해도 좋다는 허락을 받는다. 앙갚음하듯 사라는 임신한 하갈을 학대한다. 아브라함마저 침묵하자 하갈은 제 가슴을 친다. 아브라함이 잉태한 나를 헌신짝처럼 버리다니! 여주인에게 속수무책으로 당하는 그녀의 마음에 분노와 슬픔과 두려움이 한꺼번에 밀려온다. 남편은 임신한 아내에게 잘해야 한다는 말이 있지만 임신한 하갈은 남편에게 버려진 것이다. 결국 학대를 견디다 못한 그녀는 무작정 도망친다. 부른 배를 움켜쥔 채 빈손으로 광야로 도망치는 하갈의 심정은 어떠했을까. 그녀는 이렇게 독백했을지도 모른다.

'나를 버린 남편이여 보아라. 당신이 무자비하게 버린 그대의 여인과 아이의 죽음을. 모든 것은 당신 탓이야. 무책임한 당신은 벌을 받아야 해. 후회하게 해주겠어. 나를 버린 대가를 우리 모자의 죽음으로 갚아주겠어. 그제야 당신은 내가 얼마나 고통스러웠는지 깨닫게 되겠지.

사라, 비록 내가 콧대를 높였지만 당신의 악독함에는 비할 수 없구나. 당신에게도 복수해주지. 내가 아기와 죽어버리면 아브라함은 적어도 죄책감에 괴로워하겠지. 그러면 두 사람 사이도 멀어질 거야. 그때야 비로소 당신은 참회의 눈물을 흘리리라.'

광야를 헤매던 하갈은 샘물을 발견하고 그 앞에 주저앉아 눈물을 흘린다. 자신의 처지가 비참해서, 배 속에 있는 아기가 불쌍하고 미안해서 목 놓아 운다. 서러운 이방 여인의 통곡을 듣고 하나님의 사자가 찾아온다.

사래의 여종 하갈아 네가 어디서 왔으며 어디로 가느냐. … 네 여주인에게로 돌아가서 그 수하에 복종하라. … 내가 네 씨를 크게 번성하여 그 수가 많아 셀 수 없게 하리라. … 네가 임신하였은즉 아들을 낳으리니 그 이름을 이스마엘이라 하라. 이는 여호와께서 네 고통을 들으셨음이니라(창세기 16장 8-11절).

하나님의 사자는 하갈에게 제일 먼저 질문을 한다. "사래의 여종 하갈아 네가 어디서 왔으며 어디로 가느냐'라고. 왜 그랬을까. 왜 하나님의 사자는 "하갈아" 하지 않고 "사래의 여종 하갈아"라고 불렀을까. 이는 존재론적인 질문이다. 주의 사자는 송곳처럼 아픈 질문을 던진다. "하갈, 너는 자신을 누구라 여기느냐'라고. 그녀는 대답한다. "나는 내 여주인 사래를 피하여 도망하나이다." 그녀는 스스로 입을 열어 자신의 정체성을 인정한다. 거드름을 피우며 주인을 멸시했던 심리적 거품은 어느새 가라앉고 하갈은 초라한 현실을 직면한다. 하나님은 그 과정에서 하갈 자신에게 현재 주어진 삶의 과제가 무엇인지 깨닫기를 원하셨다. 아무리 부정하고 싶어도 당장 인정해야 할 그녀의 현실은 아직은 '사래의 여종'이라는 사실이었다. 그러니 지금은 떠날 때가 아니다. 그녀가 해야 할 것은 현재 자신의 비천한 삶을 감내하는 것이다. 이를 견딘 이후에야 더 이상 '여종'이 아닌 '하갈'로서 존재할 수 있다.

삶이 누추해질 때 비로소 허상이 벗겨진다. 진실한 자아가 드러난다. 자아가 고난받는 시간이다. 융이 언급한 거룩한 자기(Self, 인간 정신의 핵이며 중심으로 자아를 초월하는 정신의 측면)에 굴복하는 신성한 시간이다. 거룩한 이의 음성을 듣고 복종하는 그 순간에 연약한 자아는 강성해진다. 그것은 처음에 하갈에게 일어난 심리적 팽창과는 근본적으로 다르다. 고통과 연단을 통해 강성해진 현실의 자아다. 비록 모양새는 남루하지만 그 얼굴은 밝고 총명하며 굳건한 의지로 빛난다. 새로운 자아의 탄생이다. 하갈은 거듭난다. 낡은 자아를 벗고 새로운 자아의 옷을 입고 다시 태어난다. 새로운 자아의 탄생은 산고의 고통을 통해 찾아온다. 고통 없는 탄생이란 존재하지 않는 법이다.

그녀는 다시 발길을 돌린다. 그녀는 더 이상 예전의 하갈이 아니다. 비록 그곳이 끔찍하게 여겨져 도망쳤지만 지금의 시간 속에서는 아브라함의 집이 연단의 터전임을 깨달은 것이다. 그녀는 수치심을 기꺼이 견디어보겠다는 강력한 의지를 품는다. 돌아간 아브라함의 집에서 아들 이스마엘을 출산하고 하나님이 다시 광야로 부르기까지 13년을 더 머문다. 자신은 여종이고, 이스마엘은 서자이며, 여주인의 핍박 또한 여전했지만 그녀는 소망한다.

"주여, 그때 당신이 주셨던 그 약속을 나는 잊지 않습니다. 내 아들 이스마엘을 지켜주소서. 이 아들을 통하여 민족을 이루게 하소서. 민족의 아비가 되게 하시고 나는 그 아비의 어미가 되게 하소서."

그리고 그녀는 소망을 품는다. 사라 앞에서 구박받으면서 꾸었던 그 환상이 이제 약속이 되어 그녀에게 심겨졌다. 하갈은 아기의 태동을 느끼며 더 많은 아기를 꿈꾸었을지 모른다. 자신의 배에서 강물처럼 생명이 흘러넘쳐 수많은 아기를 낳아, 언젠가 세상의 주인이 되는 꿈. 그 자녀들이 사라를 무릎 꿇게 하여 자신이 당했던 수모를 되갚아주는 꿈. 아이들이 아브라함의 대를 잇고 사라의 자리를 빼앗는 상상. 이는 돌아온 아브라함의 집, 보잘것없는 자신의 자리에서 그녀를 견디게 해줄 절실한 환상이었다. 그녀의 환상은 복수라는 차원도 있었지만 비천한 신분을 보상한다는 측면도 있었다. 그녀는 '여종'이라는 낮은 존재감에 대한 콤플렉스를 자녀를 출산하여 극복하려 한다.

세월이 흘러 하갈의 아들 이스마엘이 열세 살이 되던 해에 하갈은 또다시 사라에게 쫓겨나 광야를 헤매게 된다. 하갈의 아들 이스마엘이 사라의 아들 이삭을 괴롭히는 것을 보고 분이 난 사라가 아브라함을 종용하여 쫓아내게 한 것이다. 하갈이 자신의 아들과 이삭을 비교하면서 아들에 대한 욕망이 다시 수면 위로 떠오르고, 이삭을 괴롭히는 아들의 행동을 굳이 저지하지 않았는지 모른다. 하지만 분명한 것은 이제 두 여자, 두 아들은 한 집에 있을 수 없다. 아브라함은 기도 중에 "두 모자를 보내라. 내가 그들을 돌보겠다"라고 하시는 하나님의 음성을 듣고 떡과 물 한 부대를 어깨에 메어주며 집을 떠나게 한다.

> … 하갈이 나가서 브엘세바 광야에서 방황하더니 가죽부대의 물이 떨어진지라. 그 자식을 관목덤불 아래에 두고 이르되 아이가 죽는 것을 차마 보지 못하겠다 하고 화살 한 바탕 거리 떨어져 마주 앉아 바라보며 소리 내어 우니(창세기 21장 14-16절).

기가 막힌 일이다. 두 모자는 또 한 번 버림받았다. 그것도 죽음의 문턱을 넘나드는 아들의 고통을 지켜봐야 하는 형벌이다. 결코 함께할 수 없는 두 아들과 두 여자가 분리하는 것이 하나님의 뜻이었지만 그것을 알지 못하는 하갈은 다시 한 번 울부짖는다.

그런데 이때 하나님의 사자가 다시 그들을 찾아온다.

하나님이 그 어린아이의 소리를 들으셨으므로 하나님의 사자가 하늘에서부터 하갈을 불러 이르시되 하갈아 무슨 일이냐 두려워하지 말라. 하나님이 저기 있는 아이의 소리를 들으셨나니 일어나 아이를 일으켜 네 손으로 붙들라. 그가 큰 민족을 이루게 하리라 하시니라(창세기 21장 17-18절).

이때 하나님의 사자는 그때처럼 사라에게 '돌아가라'고 명령하지 않는다. 오히려 하갈과 이스마엘 모자에게 물을 주며 길을 떠날 수 있도록 돕는다. 그리고 두려워하지 말라고 격려한다. 하나님의 예언대로 두 모자는 광야에서 생존하여 민족을 이룬다.

환상, 미래의 씨앗

우리에게 누구도 침범할 수 없는 저마다의 환상세계가 있다는 것은 얼마나 큰 축복인가. 그 세계 안에서는 모든 꿈이 이루어진다. 다른 여자를 사랑하는 그의 마음을 나에게 돌리게 할 수 있고, 권력을 쟁취할 수 있으며, 잃어버린 로맨스를 찾을 수도 있다. 이런 환상들은 하갈의 그것처럼 현실의 제약과 한계, 콤플렉스를 통해 이루어진다. 그래서 환상에서 깨어난 뒷맛은 씁쓸하다. 그러나 콤플렉스가 현재를 극복하게 만드는 힘이라는 사실에는 의심의 여지가 없다. 환상은 콤플렉스가 극복된 이후의 모습을 간접적으로 보여준다. 환상은 앞으로 다가올 미래의 씨앗이다. 당신이 지금 꿈꾸고 있는 환상은 무엇인가. 환상은 달콤하지만 파멸로 이끌 수도 있는 위험한 세계이기도 하다. 당신 안의 무의식이라는 숲에는 좌절의 칼날이 숨어 있다. 이빨을 드러내며 공격하는 야수도 있다. 하지만 폭풍 속에서도 미동치 않는 심연이 있고, 가뭄 중에도 기어이 꽃을 피우는 강인한 생명이 있다.

　루소의 〈꿈〉을 보라. 정글은 아름답지만 깊이를 알 수 없는 어둠이 있고, 여인은 편안해 보이지만 영원히 머물 수는 없으리라. 그러므로 우리는 고통 중에도 꿈을 붙들고 삶과 부딪쳐나가야 한다. 야곱처럼 밤새도록 하나님과 씨름해야만 한다. 그것이 대의大義를 위한 멋진 꿈이 아니더라도 하나님은 마음이 가난한 사람이 자기 한계를 극복하고자 하는 간절한 소망을 그분의 방식대로 이루어나가신다. 지금 여기서 간절하게 구하는 마음속의 소망은 그녀를 '여종 하갈'이 아닌, '한 개인으로서의 하갈'로 일으켜 세운다. 하갈의 환상은 신기루가 아니었다. 후에 이스마엘은 활 쏘는 자가 되고 민족을 이루어 수많은 이의 아비가 된다. 비록 하갈의 환상이 개인의 콤플렉스와 이에 대한 보상적 욕망으로 인한 것이었지만 하갈은 우리에게 작은 진실 하나를 들려준다. 그것은 우리 안의 무의식, 우리 안의 욕망을 솔직하게 인정해야 한다는 것이다. 하갈처럼 우리도 환상이라는 놀이터로 달려가자. 실패를 끌어안고 현실과 조율하는 체험 속으로 들어가서 그렇게 환상과 어울려 놀아보자. 우리에게는 미래가 있다. 하갈의 이야기를 넘어서 새롭게 펼쳐진 시간, 느끼고 배우고 감동하는 마음들이 기다리는 반짝이는 미래가 있다.

룻과 나오미

세상을 변화시킨 자매애

기이한 여인들의 서사

나는 사업가였던 아버지 최병영 씨와 약사였던 어머니 정혜정 씨 사이에서 위로 언니, 아래로 남동생을 둔 둘째 딸로 태어났다. 서른 살에 결혼하였고, 며느리, 엄마, 목사의 아내가 되었으며, 심리치료사가 되었다.

그러나 이 문장으로 나라는 사람을 다 정의 내릴 수는 없다. 나는 엄마지만 유기농 밥상과 맛있는 간식 만들기를 포기한 지 이미 오래다. 인테리어나 화초, 접시에도 도통 관심이 없다. 식기란 담을 수 있는 그릇이면 되고 의자도 편하면 그만이라는 주의라 집도 꾸미지 않고 소박하게 지낸다. 게다가 청소도 젬병이라 대청소라도 하겠다고 일을 벌이면 남편이 수습하는 식이다. 이쯤 되면 나의 심리치료실에 오는 엄마 내담자들에 비해 살림은 내가 한참 모자라니 공책을 펴고 배워야 할 판이다. 그래도 나름 장점이 있으니 두 아들이 좋아하는 애니메이션 캐릭터를 흉내 내며 신나게 놀

수 있다. 그리고 아들이 공부할 때 함께 목표를 정하고 전략을 세우는 협력적인 엄마이기도 하다. 또한 나에게 남다른 자원이 있으니 바로 시부모님이시다. 두 분은 각자의 일로 분주한 남편과 내가 없는 공백을 수시로 채워주신다. 물론 서로 입장과 시각이 다를 때도 있다. 하지만 감사하게도 전통적인 '여자'로서 잘했으면 싶은 것들에 미숙하기 짝이 없는 나를 있는 그대로 받아주시고 이해해주시니 참 복이 많다. '시월드'란 인생의 생사고락을 가감 없이 드러내는 '리얼 텍스트북'이 아닌가. 성경에도 시월드가 나온다. 고부간의 이야기인 룻기이다.

> 사사들이 치리하던 때에 그 땅에 흉년이 드니라. 유다 베들레헴에 한 사람이 그의 아내와 두 아들을 데리고 모압 지방에 가서 거류하였는데(룻기 1장 1절).

룻기는 사사기와 사무엘상하 사이에 있는 책이다. 이 책은 룻과 나오미라는 며느리와 시어머니의 이야기로 시작해 룻이 보아스라는 지혜로운 남자를 만나 대를 잇는 것으로 마무리된다. 그런데 의아하다. 어느 평범한 여인의 일대기를 영웅담 사이에 둔 이유는 무엇일까. 무슨 까닭에 당시에 숫자로도 쳐주지 않던 여성의 이야기를 하나의 독립된 책으로 두었을까.

룻과 보아스는 예수님 탄생의 족보에 놓인 부부다. 메시아가 탄생하기까지의 여정에서 두 사람의 결혼은 중요한 사건이었다. 혹자는 룻기가 성경에 수록된 이유가 이들 부부의 만남을 통해 메시아의 놀라운 예비하심이 이루어지고 있음을 강조하기 위해서라고 말한다. 한편으로 룻기란 시댁에 충성하는 여자들의 이야기로, 전통적인 '효'의 가치를 강조하여 가부장제를 지지하기 때문에 중요한 비중을 차지한다고 말하기도 한다. 하지만 이런 의미만을 강조한다면 룻기가 담고 있는 다른 맥락들을 놓칠 수가 있다. 룻과 나오미의 만남에는 인생을 더욱 섬세하고 풍부하고 아름답게 해줄 또 다른 의미들이 반짝거리고 있다.

룻기에서 펼쳐지는 조금은 기이한 사건들을 보면서 흥미로운 질문들이 떠올랐다. 그리고 질문의 과정에서 룻과 현대 여성들의 연관성을 발견하게 되었다. 생각해보라. '룻기'이다. 룻기는 룻과 나오미, 보아스 세 사람의 이야기를 다루지만 권력자인 보아스의 이름을 표제로 정하지 않았다. 남성사회의 전형적 여성 동조자로 불리는 시어머니 '나오미서'도 아니다. 세 명 중 사회적으로 가장 약자인 룻의 이름을 딴 '룻기'가 아닌가. 이 사실만으로도 룻기가 단순히 시어머니에게 순종하여 복받은 며느리라는 상투적 교훈 이상의 의미를 발견하게 되지 않을까.

시어머니와 며느리라는 평행선

영웅의 시대에 룻의 남편이 죽는다. 남편의 형제들까지 모두 죽는 비극이 이어진다. 집안에서 살아남은 사람은 시어머니 나오미와 며느리들뿐이었다. 다른 며느리는 자기 고향으로 돌아가는데 룻은 나오미를 따라 시어머니의 고향으로 향한다. 귀향 후 먹고살 길이 막막해지자 젊은 며느리가 부잣집 밭에 떨어진 이삭을 주워 끼니를 잇는다. 그 밭은 보아스라는 유지의 땅이었다. 보아스는 룻이 자기의 친척임을 알고 그녀를 돕는다. 보아스가 룻에게 친절을 베푼다는 사실을 알게 된 나오미는 무릎을 친다. 그들 민족에게는 남편이 죽으면 가까운 형제나 친척 중 누군가 죽은 이의 아내를 대신 취해 대를 잇게 하는 관습이 있었던 것이다. 대가 끊어지지 않으리라는 희망을 찾은 나오미는 룻에게 보아스의 침실에 숨어들게 한다. 잠자리에서 룻을 본 보아스는 당황하지만 그녀의 심중을 알고는 꾸짖지 아니한다. 그리고 가문의 책임을 수행하리라 약속하고 그녀를 돌려보낸다. 보아스는 서열상 룻을 먼저 아내로 거둘 친척에게 찾아가 의사를 묻는다. 친척이 거절의 뜻을 분명히 하자, 보아스는 룻을 취하여 대를 잇게 하겠노라고 공표한다. 그리고 여호와께서 복을 주사 아기를 낳게 되는데 그가 바로 다윗의 아버지인 이새의 할아버지가 된다.

룻기는 사사들의 영웅담과 다른 방식으로 전개된다. 불꽃 튀는 투쟁, 책략과 역공, 극적인 반전과 기적 같은 서사 구조가 아니다.

도입부는 나오미 일가의 비극으로 시작하지만 그조차 살아남은 여자들의 이야기로 담담하게 흐른다. 기근이 든 난세에 가문은 몰락하고 여자만 남다니, 신산하기 그지없다. 남자들의 그림자로만 존재하던 여자들이 남자를 잃었으니, 이제 그녀들은 이름과 목소리를 잃은 가장 밑바닥의 서발턴들이다. 주변인인 그녀들은 어떤 방식으로 살아가게 될까?

성경은 룻이 이방의 모압 여인이었다는 사실만을 알려준다. 이방 여인 룻의 시어머니 나오미가 매우 인격적인 사람이었다는 것은 충분히 짐작할 수 있다. 가부장제에서 고부관계는 여성들 간의 전형적인 반목집단을 이루었지만, 나오미는 아들들을 잃은 책임을 '여자가 집에 잘못 들어와서'라는 식으로 며느리들에게 전가시키지 않는다. 고통의 경중을 따질 수는 없겠지만, 며느리는 남편만을 잃었으나 나오미는 남편뿐 아니라 아들을 둘씩이나 잃었다. 전부를 잃은 여인, 그녀가 나오미였다. 그런데도 그녀는 홀로 된 며느리들을 위로하며 축복한다. 그리고 며느리들이 각자 자신의 길을 갈 수 있도록 놓아준다. 두 며느리는 울며 매달리지만 결국 한 사람은 떠나고 룻만이 그녀 곁에 남는다.

분석심리학자 노이만Erich Neumann에 따르면 여성은 결혼과 출산을 통해 자기를 발견한다고 한다. 여성은 동성인 어머니와 동질성을 유지하다가 결혼이라는 새로운 환경으로 들어가 부딪히며 스스로의 정체성에 대해 질문을 하고 독립을 이룬다. 그러나 젠더에 대한 담론이 적극적으로 형성된 현 시대에는 노이만의 관점을 그대로 적용시키는 데 무리가 있다. 최근 연구에 의하면 여성들은, 교육수준이 높아지고 사회에 능동적으로 참여하면서 취업을 준비하는 시기, 직장생활을 준비하는 시기에 독립에 대한 욕구가 가장 상승한다고 한다. 이처럼 독립의 길은 자기 선택으로 펼치기도 하지만 종종 불가항력적인 사건으로 인해 펼쳐지기도 한다. 룻의 경우, 남편의 죽음이나 정든 땅을 떠나게 된 일들은 모두 자신의 선택이 아니었다. 남편과 사별 후 시어머니의 고향, 그 낯선 땅에서 새 삶을 시작한다. 얼마나 급격한 환경의 변화인가. 마치 무언가 강하게 그녀를 내몰고 있는 것만 같다.

'내몰림'은 정신의 변화를 알리는 신호탄이다. 신화의 영웅들이 왕이나 부모에게 버림받아 숲과 광야로 내몰리는 것처럼 룻 또한 등을 떠밀렸다. 그러나 그녀의 내몰림은 영웅들의 그것과 양상이 다르다. 그녀는 시어머니와 함께 있었다. 그리고 시부모의 고향으로 향한다. 고향은 기억과 정서의 집결지이며 내 존재의 근원을 상징하는 장소다. 나오미의 귀향은 남편의 그림자로 존재했던 여성이 자기의 근원으로 되돌아간다는 의미다. 아들들이 어머니의 영향력에서 벗어나 남성성을 획득하기 위해 어머니와 투쟁하고 분리하려는 양상과 달리, 이 두 여성은 어머니의 자리, 고향으로 돌아간다. 여성들이 자신의 상처를 치유하는 방법으로 본연의 근원적 자리로 돌아가 자기 내면에 존재하는 여성성의 지원을 받는 것이다.

하지만 예나 지금이나 시어머니와 며느리란 쉽지 않은 관계다. 애정보다는 의무와 책임으로 시작한 관계이기 때문이다. 공동의 목표나 협력이 필요할 때는 애정관계처럼 보이지만 의무와 책임을 강조하는 시어머니의 요구는 며느리에게 부담을 준다. 며느리 역시 시어머니를 의무를 강요하는 대상으로 경계하며 선뜻 마음의 문을 열지 못한다. 시어머니들은 '며느리에게 당하는 설움'을 토로한다. 내 이야기를 소설로 쓰면 열 권도 모자랄 거라고 한탄한다. 며느리는 '시어머니는 시어머니야'라고 체념한다. 고부관계는 가족 공동체 내의 권력 구조를 기반으로 한다. 시어머니는 당신 스스로도 한때 며느리였다. 원래는 고유명사를 지녔던 여성이 결혼한 뒤에 '누구의 아내', '어느 집안의 며느리'라는 간접적이고 수동적인 명찰을 달게 된다. 지금 세대의 시어머니들은 당시 그 이름을 당연하게 받아들이고 자신을 그 이름에 맞추는 일로 평생을 보내왔다.

여성은 가정이라는 최소단위 속에서도 약자다. 그래도 사춘기와 대학 시절에는 종종 여자라는 이유로 우대받기도 한다. 소년들이 가방을 들어주기도 하고, 남자들이 레이디 퍼스트라고 대우하여 먼저 차에 오르는 등 작은 배려들을 누린다. 그러나 직장생활을 시작하거나 결혼 후 시댁 중심으로 살아가게 되면서 본격적으로 약자의 수난을 겪는다. 이전에는 경험한 바 없던 차별들이 사회 곳곳에 숨어 있었음을 하루하루 몸으로 체험한다. 간절히 원하던 직장에 취업했던 내담자가 있었다. 그녀는 뛰어난 수학 능력을 지니고 있었지만 회사에서는 여사원들에게 회계업무를 맡기지 않았다. 그녀보다 모든 면에서 떨어지는 남자사원이 그 일을 도맡았다. 그녀가 그 일을 못할 이유는 전혀 없었다. 그러나 그녀는 '당연히' 그 일에서 제외되었다. 오로지 여성이라는 이유만으로.

결혼 역시 여자의 위치를 새삼 발견하게 한다. 여성이 시댁에 들어가면서 정체성에 위기를 맞는다. 새로운 가족이라고 불리는 시댁은 그녀를 있는 그대로의 모습으로 봐주지 않는다. 내 아들을 위해 만난 여자다. 혹은 집안의 대를 잇기 위해 온 여자, 손자 손녀를 잘 키워내기 위한 존재일 뿐이다. 그녀가 사회와 친정부모에게 배웠던 것들이 무용해지고 세상과 가정을 보는 방식이 완전히 다르다는 사실을 깨달으면서 혼란을 느낀다. 마음속에서 이건 아니라고 반항심이 올라오지만 그 소리는 크고 작은 억압에 힘을 잃고 어느새 그들이 그녀를 보는 시선에 자신을 맞추어간다.

우리는 살아가면서 얼마나 많은 역할의 옷을 입는 걸까? 새로운 역할을 부여받고, 새로운 공동체를 만나고, 새로운 사람과 관계를 맺으면서 계속 다른 페르소나를 입는다. 그래서 페르소나는 하나일 수가 없다. 페르소나는 우리가 속한 사회의 구성원으로 살아가도록 하는 가면이지만 다른 역할의 옷을 새롭게 입어야 할 때마다 혼란을 느끼게 된다. '이래도 되는 걸까?' '이런 걸 받아들였

다가 나를 잃어버리는 건 아닐까?'

맞벌이하는 며느리의 경우, 직장에 있을 때는 현대적인 여성이지만 시댁에 며느리로 있을 때는 지극히 전근대적인 여성이 된다. 아무리 진보적인 사고를 가진 여성도 막상 시어머니가 되면 자신도 모르는 새에 전근대적인 며느리가 될 것을 종용한다. 그러나 관습적으로 허용된 모습이고 보편적으로 일치하는 시각이기 때문에 그녀들 스스로 자기 모순을 자각하기 어렵다.

이러한 분열은 남성지배사회에서 여성이 생존하기 위한 하나의 전략이기도 하다. 억압된 여성이 여성들 간의 권력구조에서 상위를 차지하게 되면, 자신을 억압한 권위주의적 태도를 무기로 사용한다. 여성들 사이에서 힘을 가지기 위해, 스스로도 벗어버리고 싶었던 억압의 굴레를 다음 세대에게 강요한다. 같은 여성이면서 자신은 여성이 아닌 것처럼 '여자는 말이야'로 역할을 한정짓는다거나 '여자가 어디 감히'라며 다른 여성들을 타자화한다. 이것은 여성 스스로의 약삭빠른 선택이다. 여성이 다른 여성을 타자화하여 스스로를 상대적인 권력을 가진 자로 전환시키려 한다. 남성을 위한 도구로 타자화되었던 여성들은 남성들의 지배적 방식에 길들어 무의식적으로 같은 폭력을 사용한다. 여성들이 이러한 방식을 통해 얻는 이득에 익숙해질 때 '돌봄'과 '이해', '공동체적'이라는 여성의 장점이 사라지고 만다. 하지만 어디 여성을 배제하는 사람이 시어머니뿐이겠는가. 며느리 역시 힘이 없어진 시부모를 억압하거나 방임한다.

또 하나, 여성의 원가족 안에서 해결하지 못한 숙제가 여성에게 자기 분열을 일으키기도 한다. 부모 사이에 권력이 균형 잡히지 못한 탓에 불안하게 성장한 여성들이 있다. 한쪽 부모의 권력은 막강한데 한쪽 부모는 지나치게 무능한 경우, 경제권을 박탈당하거나 폭력, 지배와 통제 등의 양상이 나타나 자녀들은 혼란에 빠진다. 이때 자녀들은 억압당한 한쪽 부모와 자신을 동일시해서 억압하는 부모를 적대시하거나, 반대로 억압하는 한쪽 부모와 동일시하고 나머지 부모를 적대시할 가능성이 높다. '시월드'가 원가족과의 부정적 경험을 교정할 기회가 될 수도 있지만, 반대로 부정적인 친정부모를 시부모에게 투사하여 원가족에서 해결하지 못한 갈등을 재현할 수도 있다. 그렇다면 '시월드'는 무찌르고 피해야 할 적진이 된다. 그리고 결국 시어머니와 며느리 둘 다 가부장제의 폭력적 방식에 익숙해지거나, 자신의 과거의 삶과 연결되어 각자의 고유성을 인정하지 못하게 된다.

모성의 두 얼굴

이야기 속의 친정어머니와 시어머니는 모성의 두 가지 다른 측면을 상징한다. 무한하고 무조건적이며 따뜻하게 돌보는 긍정적 모성의 측면과 구박하고 괴롭히는 부정적 모성의 측면이다. 이것은 어머니라는 존재가 우리가 믿는 것처럼 이상적이기만 한 존재가 아니라 평범한 사람이라는 의미다. 엄마도 실수할 때가 있고, 탐욕에 눈멀 때가 있으며, 자기 감정에 휘둘려 자식을 공포에 떨게 만들 수도 있다. 자식은 자신의 어머니가 나쁜 엄마, 무시무시한 어머니라는 현실을 부정하고 싶어 하지만, 어머니가 때로는 그럴 수도 있다는 사실을 조금씩 받아들이게 된다. 그렇게 환상 속의 어머니가 아니라 현실의 어머니를 만난다. 나 역시 심리치료사로 내담자들을 만나지만 집에서는 그냥 엄마일 뿐이다. 그래도 배운 것이 있어서 되도록 아이들과 놀아주고 공감해주려고 노력한다. 하지만 아들 태준이가 수학문제를 대충 풀어 실수를 연발하면 소리 지르고 화내며, 때로는 내 맘대로 되지 않는 통에 길길이 뛸 때도 있다. 혼이 빠질 정도로 급하게 일해야 할 때 태준이가 당장 라면을 끓여달라며 막무가내로 심술을 부리면 단호하게 말하기도 했다.

"태준아, 나는 네 엄마이기도 하지만, 엄마도 해야 할 일이 있잖아. 엄마가 너만을 위해서 있는 건 아니란다."

나 자신의 삶을 포기하지 않기 위해서는 종종 아이들에게 해주어야 하는 일에 틈이 생기기도 한다. 아이들은 무엇이든 내가 원하는 대로 다 해주는 엄마, 완벽하고 따뜻하고 공감하는 엄마를 원하지만 나는 그럴 수 없고 그럴 마음도 없다. 왜냐하면 나는 엄마이기도 하지만 동시에 최승이이기 때문이다.

〈콩쥐팥쥐〉의 계모 역시 시어머니의 상징과 유사하다. 신화학자 고혜경은 《선녀는 왜 나무꾼을 떠났을까》라는 책에서 친어머니가 세상을 떠난 후 새어머니가 찾아오면서 시작하는 콩쥐의 고난은, 어린 딸의 눈에 완벽해 보였던 어머니가 아니라 자라는 딸에게 점점 많은 것을 배우도록 요구하는 무서운 어머니의 측면을 의미한다고 했다. 콩쥐가 무서운 어머니를 극복하는 일은 어머니의 양면성을 인정하고 끌어안는 과정이다. 그래서 아이들이 어머니에게 품었던 이상적인 이미지에 금이 가서 실망할 때, 어머니와 아이의 현실적 신뢰가 너무나 중요하다. '엄마가 나를 실망시켰지만, 그래도 엄마는 날 사랑해'라는 단단한 신뢰는 관계 회복을 위한 특효약이다.

양가적 모성 이미지에 대한 통합은 대인관계까지 뻗어나간다. 우리는 관계를 맺을 때 먼저 타인의 장점을 발견하여 호감을 느낀다. 그러나 관계가 지속되면서 이면이 보이기 시작한다. 여기에는 예외가 없다. 시간이 지나도 여전히 처음 봤을 때 그 모습 그대로라면 사람을 바라보는 내 눈에 문제가 있음이 분명하다. 혹은 그의 이면을 보지 않기로 작정을 했거나 '아니야, 저 사람은 절대 안 그래'라고 단정하는 것이다.

나는 첫인상이 차가워 보인다는 이야기를 많이 듣는다. 그것이 고민되어 많이 웃으려고 노력한다. 그런데 가만 보니 사람들이 나에 대한 경계를 푸는 결정적인 계기가 있었다. 여기저기 물건을 흘리고 다니는 나의 산만한 면모였다. 나는 자주 휴대전화나 가방을 잊어버리고 이리저리 찾아 헤맨다. 언젠가 나의 분석가였던 분이 볼펜을 찾느라 허둥지둥 가방을 뒤지는 모습을 본 적이 있는데, 강단 위의 단정한 모습과는 달라서 '어, 저분도?' 하며 반가웠다. 사람들은 불쑥 튀어나오는 헐렁한 모습에 안도한다. 하지만 또 어떤 사람은 그 모습에 실망하기도 한다.

치료사와 내담자로 관계를 맺는 초기 단계에서 내담자는 당연히 나에 대해 잘 알지 못한다. 치료사라는 페르소나를 입고 있는 나는 그들의 눈에 어느 정도 이상화되어 보이기도 한다.

"선생님은 아이도 잘 키우고 일도 열심히 하시고, 모든 걸 잘하실 것 같아요."

"꿈에 선생님의 집이 나왔는데 어마어마하게 컸어요. 마루에서 문까지 한참 걸어가야 하는 집이었어요."

그렇지만 시간이 지나 관계가 깊어지면 그들 역시 나의 다른 측면들을 본다. 심리치료 시간에 무언가 대단한 통찰이나 자기의 행동에 대한 깊은 해석을 기대하는 그들에게 때로는 긴장을 풀고 드라마 이야기나 최근 열광하는 영화배우 이야기를 한다. 때로는 약속 날짜와 시간을 재차 확인하기도 한다. 내담자들은 이런 나를 다양한 시선으로 바라본다. 자신의 이상적인 기준에 못 미치는 것 같다고 느끼면 불안에 휩싸여 상담 자체를 다시 생각하기도 한다. 반대로 인간적이라며 반가워할 때도 있다. 후자의 경우 내담자들

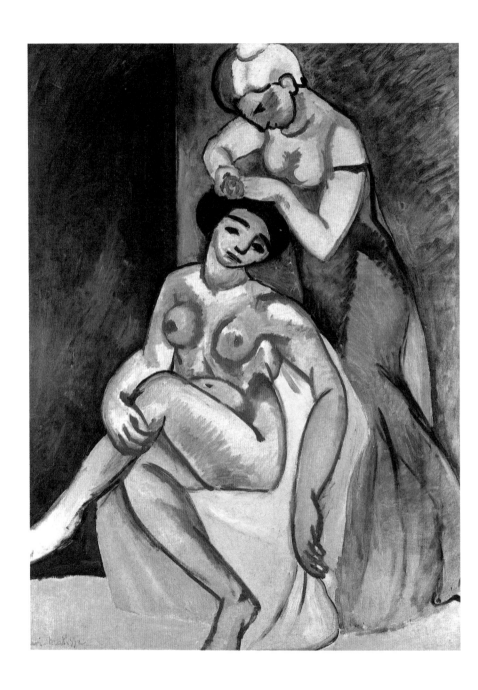

앙리 마티스, 〈화장〉
1907년, 캔버스에 유채, 116×89cm, 상트페테르부르크 미술관, 러시아

은 안도하며 치료사 앞에서 저항과 경계심을 느슨하게 푼다. 치료사와 신뢰가 덜한 경우에는 치료사의 인간적인 모습이 불안을 일으키고, 신뢰가 깊으면 내담자에게 오히려 긍정적인 영향을 미친다. 치료사는 심리치료 공간에서 부모의 상을 가진다. 그래서 내담자가 성장과정에서 경험했던 부모에 대한 원망과 분노, 서운함, 즐거움과 애착 패턴을 치료사에게 투사한다. 여기서 치료사는 내담자를 실망시킬 수도 있는 인간적인 부분을 드러낸다. 바로 이 지점, 치료사의 모자란 측면은 바로 그들이 어린 시절 경험했던 부정적인 부모를 극복할 수 있는 기회가 된다. 그렇다면 이를 극복한 딸, 자녀들은 어떻게 달라지는 걸까?

마티스의 〈화장〉은 강렬하고 단순한 색의 배치와 군더더기 없는 담백한 표현이 돋보이는 작품이다. 흰머리 여인이 검은 머리 여인의 머리에 꽃을 달아주고 있다. 벌거벗은 여인은 무방비 상태에서 편안하게 머리를 맡긴다. 그렇다고 꽃을 꽂아주는 여인이 하녀로 보이지는 않는다. 그 여인 역시 우아한 귀부인처럼 보인다. 그녀들은 어떤 사이일까. 그 사연을 알 수는 없지만 우리는 두 여인 사이에 흐르는 친밀한 자매애를 느낄 수 있다. 그녀들은 서로에게 성적 대상이나 권력과 도구의 대상이 아니다. 옷을 입었든 아니든 그 모습 그대로 따뜻한 정서를 주고받고 있다.

그림의 두 여인이 상호 의존하는 모습처럼, 딸은 어머니의 모자란 부분을 수용하고 무언가를 함께하려 한다. 어머니에게 무조건

받기만 하던 의존관계에서 주고받는 상호의존의 독립의 단계로 나아간다. 그런 면에서 며느리가 시어머니를 수용하고 화해하려 한다면 이는 딸이 성장과정에서 갈등했던 자기 어머니와 화해하려는 시도일 수 있다. 또한 모성의 주체인 어머니와의 새로운 결속을 통해 여성성을 확장하려는 의지일 수도 있다. 그러나 여성들은 여전히 분열된 시선에 익숙해 있다. 대부분 자신이 모순적 태도를 가졌다는 사실조차 인식하지 못한다. 남성지배적인 구조를 유지시켜주는 데 결정적인 역할을 하는 고정관념에 따라 보자면 오히려 잘 적응하는 것으로 보인다. 그래서 자기모순을 주목하고 고민하는 '깨인 여성, 깨인 시어머니와 며느리'는 남성중심적 사회에서 보면 낙오자요, 부적응자다. 여성 자신을 새롭게 보려면 관습과 모순에 맞서는 자발적 의지가 필요하다. 룻과 나오미는 여성들의 전형적 모순관계를 뛰어넘은 사람들이다. 그녀들은 의무와 책임을 넘어 애틋한 자매애로 결속되어 있다.

… 어머니께서 가시는 곳에 나도 가고 어머니께서 머무시는 곳에서 나도 머물겠나이다. 어머니의 백성이 나의 백성이 되고 어머니의 하나님이 나의 하나님이 되시리니 어머니께서 죽으시는 곳에서 나도 죽어 거기 묻힐 것이라 … (룻기 1장 16-17절).

그녀들은 보아스에게 가문의 대를 잇는 책임을 다해주길 함께 청하였다. 이 놀라운 결속력이란! 나오미는 보아스가 거절하기 곤란하도록 룻에게 그의 침실에 잠입하게 한다. 한마디로 "당신 나를 책임지시오"라고 으름장을 놓는 격이 아닌가. 두 여성의 간 곡하고도 공격적인 전략에 보아스는 진지하게 자신의 책임을 돌 아보게 되고 룻을 받아들여 룻의 남편 대신 대를 이을 아이를 출 산하게 한다.

자매애라는 이름의 꽃

자매애는 단순히 혈연으로 연결된 애정만을 의미하지 않는다. 여 성의, 여성에 대한 공감이라는 확장된 의미로 열려 있다. 여성이 기에 같은 여성의 아픔을 누구보다 잘 이해할 수 있다. 여성의 뛰 어난 공감능력은 여성 간의 관계를 견고히 하는 자원이다. 애착으 로 연결된 자매애는 지배와 통치라는 남성적 가치와 다른 고유한 가치를 지닌다. 여성적 가치는 공감과 이해, 타인을 돌보는 윤리 성을 끌어안고 있다. 약한 여자들끼리 뭉쳐서 뒤엉키는 시시한 관 계가 아니다. 나오미와 룻을 보라. 이들은 눌리거나 위축되지 않 았다. 더러운 여인이라고 손가락질할 수 있는 사회적 시선에 맞서 자신의 주장을 포기하지 않는 강한 여성들이다. 그녀들에게는 편 견을 뛰어넘는 강인함과 부드러운 결속력이 있다. 이러한 공감과 이해의 여성적 가치를 통해 '여자의 적은 여자'라는, 편견이 심한 공식을 깰 수 있다. 여자라는 자리에서 상처받은 나의 아픔과 너의 아픔이 닮아 있어 너를 통해 나를 본다. 그것은 서로에 대한 연민이 되어 나를 넘어선 '우리'를 경험하게 한다.

룻이 시어머니의 고향으로 돌아간 것을 모성에서 독립하지 못하고 퇴행했다고 볼 수도 있다. 하지만 그보다는 여성타자와 긍정적으로 결속할 수 있는 내적 자원에서 기인한 선택이라고 보면 어떨까. 룻은 성장기에 어머니와 안정된 애착을 이루었는지도 모른다. 이 긍정적인 자질이 며느리를 배려하고 존중한 시어머니의 자질과 만나 두 사람을 강한 끈으로 엮게 한 것은 아닐까.

나오미는 일하는 며느리인 룻을 강하고 따뜻한 결속의 시선으로 바라본다. 남편에게 의지해 살림만 하던 룻은 살기 위해 일을 한다. 즉, 직장여성이 된 것이다(비록 곡식에서 떨어진 이삭을 줍는 노동이지만 당시 기술이 없는 여성이 할 수 있는 가장 적극적인 경제활동 중의 하나였을 것이다). 변화에 적응하기 위해 룻은 여태까지 해보지 않은 일을 시작한다. 나오미는 룻의 일을 적극 지지한다. 그들의 생존이 룻의 경제활동에 달렸기 때문이다.

드라마를 보면 일과 가정 사이에서 갈등하는 여성들이 등장한다. 얼마 전까지만 해도 일하는 엄마는 자기만족을 위해 가정을 돌보지 않는 이기적인 여성으로 그려졌다. 그녀의 직장생활로 인해 피해를 입은 다른 가족의 입장이 주를 이루는 내용으로, 일하는 여성은 봉건적 관점에서 왜곡당했다. 그러나 최근의 드라마는 남편이 바람을 피웠거나 실직당하자 여성이 경제활동에 뛰어들어 고군분투 끝에 성공한다는 내용이 방영되곤 한다. 드라마의 변화는 일하는 여성에 대한 시각의 변화와 그 흐름을 함께한다. 여성의 사회활동을 지지하는 까닭은 결국 여성의 일이 가족을 지키는 중요한 수단이 될 수 있기 때문이다. 경제 불황이 이러한 변화를 가능하게 한 하나의 요인이 되었다. 남자 혼자만의 벌이로는 살림이나 교육비를 감당할 수 없는 시대가 되었다. 이런 사회 변화가 일하는 여성에 대한 시선을 긍정적으로 바꾸었다(물론 여성이 가정경제만을 위해서 일한다는 극단적인 주장은 아니다). 이제 가정과 직장생활을 병행하는 여성들은 기존의 관습적인 시각으로 다 담아낼 수 없는 치열한 현실을 살아간다. 그런 여성들을 위한 새로운 이해가 필요하지 않을까? 일하는 여성들의 분투를 도울 수 있는 새로운 사회적 인식이 절실하다.

양육과 가사가 어머니의 몫이고 그것이 가장 이상적인 가족형태라는 인식이 백인 중심 문화에서 기인한 것이라는 주장이 있다. 흑인 여성 페미니스트 콜린스Patricia Hill Collins는 흑인가정의 경우 여성 역시 남성처럼 경제적 책임을 지고 나가 일하며 따라서 양육의 의무와 책임이 가족 모두에게 주어져 있음을 주장한다.《공감의 진화》를 쓴 에얼릭Paul R. Ehrlich과 온스타인Robert Ornstein은 인류가 위기를 극복하며 계속 진화할 수 있었던 원동력으로 공동 양육을 위해 모든 구성원이 밀접하게 연결된 관계망을 꼽았다. 즉, 가족을 넘어선 가족이라는 폭넓은 정서교류는 인간의 뇌를 진화시켰으며 현대를 사는 우리는 이러한 공감의 문화를 창출해야 한다는 것이다. 룻과 나오미, 이들은 서로를 적으로 대하지 않고, 배려하고 협력하며 공감하는 여성적 가치를 이루었다. 그리고 마침내 그들의 태를 통해 '메시아'가 탄생하는 기적을 체험한 여성 리더가 되었다.

너를 딛고 나만 사는 약탈 경제에 사는 현대인에게 그녀들은 '너는 너, 나는 나'라는 벽을 뛰어넘어 기꺼이 '우리'를 외친다. 그들이 보인 여성적 가치에는 그리스도가 우리에게 보여주신 사랑과 배려가 뜨겁게 녹아 있다. 자매애를 발휘하기 가장 힘든 여성타자인 시어머니와 며느리, 그들의 공동체적 연합은 여성적 가치의 극치를 보여준다. 하나님은 그녀들의 연합을 통해 가부장제 사회에 사랑을 외칠 예수 그리스도의 잉태를 예비하신다.

사사들의 이야기는 피 흘리는 투쟁이 가득한 부성의 역사다. 그 틈에 전장에 피어난 한 송이 꽃처럼 룻기가 있다. 거대한 역사의 중심에 지극히 작은 한 개인의 역사가 놓여 있었다. 투쟁하는 영웅담이 세계의 한 축을 이루고 있다면, 성경은 룻기를 통해 관계지향적인 여성의 역사가 다른 한 축을 이루고 있음을 보여준 것이 아닐까. 여성의 역사는 눈에 보이지 않았다. 그러나 여성의 역사야말로 한쪽으로 치우칠 수 있는 힘에 균형을 이루고, 통합을 향해 조용한 물길을 열어주고 있었는지도 모른다.

아달랴

퀸 오브 사이코패스

어두운 밤, 여자들이 숫염소를 둘러싸고 앉아 경배한다. 오른쪽의 여인은 어린 아기를, 그 아래에 보이는 노파는 바싹 말라 뼈가 보이는 아이를 제물로 바친다. 왼쪽에는 제물이 된 아이들이 나뭇가지에 매달려 있다. 숫염소는 악마, 사탄의 상징이며 아이를 바치는 노파는 전형적인 마녀의 이미지다. 숫염소 머리의 넝쿨은 디오니소스를 기념한다. 여성을 억압한 시대에 남성들이 마녀라는 존재를 두려워한 사실은 아이러니하지 않을 수 없다. 남성에게 마녀는 부정적 아니마를 투사한 대상이요, 여성을 억압하는 도구였고, 여성에게는 억압되어 뒤틀린 에너지의 표상이었다.

우리 곁의 폭력자들

'여자가 한을 품으면 오뉴월에도 서리가 내린다'는 속담이 있다. 핍박을 견디다 못해 한계에 이르면 맹독을 품는 여성의 공격성이

프란시스코 고야, 〈마녀의 집회〉
1798년, 캔버스에 유채, 44×31cm, 라자로 미술관, 마드리드, 스페인

얼마나 무서운지 보여주는 말이다. 가부장제는 피지배계층인 여성들의 공격성을 반드시 통제해야 했다. 마녀사냥은 여성이 남성의 힘에 대항하지 못하도록 통제하는 대표적인 수단이었다. 성경에도 부정적인 마녀의 이미지를 보여주는 여성들이 있다. 그중에 한 사람, 아달랴라는 여성을 이야기해보려 한다. '아달랴' 하면 떠오르는 대표적 사건은 '친족 살해'다. 그녀는 자기 손자를 단기간에 여러 명 몰살시킨 연쇄살인자였다.

아달랴는 이스라엘이 두 왕국으로 분열된 시대에 살았다. 예후에 의해 죽은 유다의 왕 아하시야의 어머니이자, 악녀의 전형인 이세벨과 아합 사이에서 나온 딸이다. 즉, 아하시야 왕은 아합의 외손자다. 아달랴의 아들인 아하시야 왕은 부모를 따라 악행을 저지르다가 1년 남짓한 짧은 통치 끝에 전쟁에서 예후의 손에 죽는다. 남유다는 왕좌를 오랫동안 비워둘 수 없었다. 전례대로 아하시야의 아들을 새 왕으로 발 빠르게 즉위시키려 했거나, 아들이 너무 어린 경우 다른 왕족 중에 선택하고자 했을 것이다. 이때, 아들의 죽음을 애도하는 아하시야의 어머니는 없었다. 아들의 죽음을 하나의 기회로 여기는 비정한 어머니, 아달랴가 있을 뿐이다. 아달랴는 아들의 죽음을 기회로 삼아 마음속에서 들끓던 오랜 욕망을 실현하기로 결심한다. 그녀는 스스로 왕이 되고자 했다. 몇 년 간의 수렴청정은 가당치도 않았다. 탐욕을 만족시키기 위해서라면 방해 세력은 모두 사라져야 했다. 그런데 그들은 다름 아닌 자신의 가족이었다. 특히 아하시야의 아들들, 즉 자신의 손자들과 나아가 남편의 형제들이 눈에 거슬렸다. 그녀는 개의치 않고 왕권 교체를 감행한다. 가족들을 살해한 것이다. 6명이나 되는 손자와 남편의 형제들이 그녀의 손에 죽임을 당한다. 역사상 이렇게 비정한 할머니는 다시없을 것이다. 세상에는 여러 악이 존재하지만 후손을 여럿 죽일 정도로 잔악한 예는 극히 드물다. 물론 동물행동학 연구를 보면 간혹 암컷 원숭이가 자식을 고의로 죽이는 일이 벌어지곤 한다. 더 나은 먹이처를 확보하기 위한 싸움 중에 수컷이 죽으면 암컷은 적수를 받아들이면서 자기 새끼를 죽인다. 처절한 생존의 법칙에 따른 암컷의 행위는 우리가 의례적으로 떠올리는 모성에 대한 환상을 깬다. 그러나 그 행위는 생존을 위한 선택이지 의도적인 살인은 아니라는 점에서 무조건 '악'으로 치부해버릴 수 없다. 반면 아달랴의 친족 살해는 치밀한 계획 속에서 이루어졌다. 그 안에는 연민이나 죄책감이 없다. 그녀의 이해할 수 없는 비정함은 왕이 된 후에도 계속 드러난다.

사이코패스는 극단적인 반사회적 인격장애를 의미한다. 사이코패스는 종종 소시오패스와 함께 언급되곤 하는데 사이코패스는 인구의 약 1퍼센트, 소시오패스는 약 4퍼센트라고 한다. 우리나라의 경우, 아직 정확한 통계가 나와 있지 않지만 범죄심리학자들이 재소자 400여 명을 대상으로 '반사회성 인격장애검사'를 한 결과, 15퍼센트가량이 사이코패스로 진단되었다고 하니 우리

주변에 적지 않은 사이코패스가 살아가고 있으리라 추정된다.

사이코패스는 청소년기에 전조가 드러난다. 사람이나 동물을 학대하거나 크고 작은 반사회적 행동을 하는 품행장애가 바로 그 것이다. 이런 아이들은 극단적이고 기괴한 폭력성, 자기 안의 공격성을 해결하기 위해 무모한 시도를 일삼는다. 이들은 폭력과 강간, 살인, 절도, 방화 등의 범죄를 저질러도 전혀 죄책감을 느끼지 않는다. 감정을 읽을 줄 모르고 읽는다 해도 자신들의 감정 체계와 연결되지 않아 타인이 느끼는 공포와 슬픔을 공감할 수 없다. 오히려 무언가를 얻어내고자 타인의 마음을 교묘히 이용하고 목적을 이룬 후에는 상대를 짐짝처럼 버린다. 철저하게 자기애적이다. 실제로 범죄심리학자들이 성폭력 범죄자들에게 사람의 다양한 표정이 담긴 사진을 보여주며 감정을 읽는 실험을 했는데 상당수가 완전히 왜곡된 메시지로 해석하고 있다는 사실을 발견했다. 폭행당하는 여자들의 "싫어, 안 돼"라는 외침을 자신이 듣고 싶은 "좋아"로 듣는 것이다. 이렇게 공감이 부재한 그들은 비정하고 잔인하다. 타인의 고통과 슬픔에 무감각하다. 오로지 모든 리비도가 자기에게만 집중되어 철저한 자기만족과 쾌락을 추구한다.

소시오패스는 사이코패스와 달리 상당히 영리하며 얻고자 하는 것을 위해서 충동을 조절할 수 있고 타인에게 매력적으로 보이는 법을 잘 안다. 따라서 이들의 폭력성은 교묘하게 위장되는데 이런 점이 사이코패스와 다르다. 이들은 주가조작과 청부살인, 말단 사원에 대한 폭행 등으로 광범위하게 타인들을 지배한다. 아달 랴뿐만 아니라 역사상 많은 권력자들이 소시오패스였다. 지능적으로 권력을 취하고 있기에 그 폭력성이 세상에 드러나지 않고 은폐되는 경향이 있다. 반면 극빈층 사이코패스의 행위는 쉽게 드러난다.

이 끔찍한 폭력성의 원인이 무엇인지 많은 논의가 이루어지고 있다. 전두엽이나 신경계통의 문제로 보기도 하고, 선천적 문제라는 관점, 혹은 성장환경의 문제로 보는 관점이 있다. 가족 중에 이러한 반사회적 인격 장애를 가진 구성원이 있을 경우, 말할 것도 없이 가족 전체가 엄청난 불행을 겪는다. 아달랴는 이러한 반사회적 성향을 모두 가지고 있었다. 그녀는 반사회적 성향을 왕비라는 높은 지위에 접목시켜 극단적인 화이트칼라 범죄를 저질렀다.

폭력의 대물림

신문지상을 떠들썩하게 했던 사이코패스 중 가장 큰 충격을 준 사람은 유영철일 것이다. 그는 자그마치 21명의 여성을 잔인하게 살해했다. 여성들을 납치한 뒤 끔찍한 방법으로 살해하고 신체를 훼손하고 인육을 먹기도 했다. 유영철은 여자를 난도질한 다음 날이면 말할 수 없이 자유롭고 심신이 가뿐했다고 말했다. 살인의 쾌락에 중독된 그는 더 대담해져서 검거되기 전 마지막 1주일 동안에는 무려 3명이나 살해했다. 정신분석가 이유섭은 유영철이 고도의 집중력으로 살인의식을 행하는 가운데 육체와 정신이 극한 긴장상태를 경험했다고 보았다. 즉, 최고조의 주이상스(jouissance, 극도의 쾌락상태)에 이른 것이다. 그는 죄책감 없이 사회가 나를 이렇게 만들었다고 말했다. 그는 개인의 성격발달과정 중 초자아(superego, 성격의 사법부라고 불리며 양심, 도덕, 이상 등을 담당하는 정신의 한 부분)를 형성하는 데 실패하여, 존엄과 품위가 무너진 인간의 추악함이 어디까지 갈 수 있는지 보여주었다. 그런데 그의 어린 시절 이야기를 들으면 서슬 퍼런 비난이 조금씩 무뎌진다.

유영철의 어머니는 그를 임신했을 때 수차례 낙태를 시도했다. 아버지는 알코올중독자에 외도를 일삼고 생활능력도 없었다. 결혼생활에 진저리를 쳤던 어머니는 유영철을 '태어나지 말았어야 할 아이'이자 평생의 짐으로 여겼다고 한다. 그는 폭언을 듣고 두들겨 맞으며 자랐다. 어머니에게 끝내 버림받아 아버지에게 보내졌지만 다른 여자와 살고 있던 아버지는 그를 구박했다. 어린 그는 찬밥 신세인 채 부모 사이를 전전긍긍하며 오가다가 쫓겨났고, 심지어 여덟 살 때는 몇 개월간 노숙까지 했다고 한다. 어린 소년이 거리를 헤매며 얼마나 무섭고 힘들었을까. 안타깝게도 그는 사회에서도 거부당했다. 고등학교 입학을 준비하던 유영철은 자신에게 미술적 재능이 있음을 알고는 그림을 그리겠다는 꿈을 가졌다. 처음으로 미래에 대한 소망을 품게 된 것이다. 그런데 시험 당일, 신체검사에서 자기가 색맹이라는 황당한 사실을 알게 된다. 낙방은 당연한 수순이었고 그는 무인가 고등학교를 들어간다. 이후 유영철의 분노는 개인에 대한 분노에서 사회로 확장된다. 한 여자를 사랑하여 동거도 했지만 그녀에게까지 버림받는다(그는 자신을 떠난 그 여성을 향한 복수심으로 다른 여성들을 살해했다고 말했다). 출생부터 아동기, 청소년기까지 처절한 환경에서 실패를 반복한다. 그는 고통 속에서 서서히 품게 된 분노의 칼을 세상에 휘두를 때를 기다리고 있었다.

유영철의 반사회적 성향이 빈곤과 방임, 폭력의 역사 속에서 자라났다면 아달랴의 환경은 경제적 측면에서는 확연히 달랐다. 그녀는 왕가에서 태어나고 자랐다. 부모의 강력한 권력 아래 공주로 부귀영화를 누렸다. 권력과 명예, 황금에 이르기까지 천하가 다 아달랴의 것이었다. 그러나 아달랴의 부모가 누구인가. 바로 아합과 이세벨이다. 특히 이세벨은 성경에 가장 악한 여성으로 기록되어 있다. 그녀는 음란한 바알신의 숭배자로 이스라엘의 선지자들을 몰살시켰고 엘리야마저 없애려 했다. 남편 아합이 자기 백성 나봇의 포도원을 탐내자 거리낌 없이 나봇을 죽이고 포도원을 선물했다. 그런 이세벨이 어머니로서는 어땠을까? 타인에 대한 측은지심이 없고 감정이 메마른 이세벨이 어머니라는 사실은 아기에게 재앙이지 않겠는가. 알려진 바에 의하면 바알을 숭배하는 종교에는 자녀를 제물로 바치는 풍습이 있다고 한다. 바알을 숭상하는 자들에게 가족의 친밀함은 없었고, 자녀란 쾌락과 욕망충족을 위한 도구일 뿐이었다. 굳이 어머니가 "너는 나의 도구다"라고 말하지 않아도 아이들은 알아챈다. 말을 못하는 어린아이일수록 정신감응적 태도가 더 분명하니 어머니의 눈빛과 몸짓, 온몸에서 뿜어져 나오는 무의식적 메시지로 충분히 느낄 수 있다. 이는 어린 아이에게 무시무시한 폭력이 되었을 것이다. 어린 아달랴가 경험한 비정함과 공포는 그녀가 타인을 대하는 방식으로 이어진다. 아달랴는 무시무시한 엄마의 방식을 고스란히 물려받는다.

그런데 이상하다. 자신에게 냉정한 타인 때문에 그렇게 고통받았으면서 왜 자기도 그 나쁜 방식을 고수하는 것일까? 오히려 자신이 피해자가 되어봤기 때문에 그리 행동하지 않을 듯한데, 왜 폭력의 피해자들이 또 다른 가해자가 되는 것일까?

폭력의 피해자는 폭력의 잔혹함이 하나의 무기가 될 수 있다는 것을 안다. 벗어나고픈 트라우마지만 그것 외에는 배운 바가 없다. 따뜻한 말과 눈빛, 감사와 공감… 이런 것들은 그녀의 마음에 입력되지 않았다. 잔혹한 어머니로부터 살아남기 위한 아달랴의 선택은 애정을 기대하기보다 차라리 어머니처럼 힘을 획득해서 그 힘으로 타인을 지배하고 스스로 만족하는 쪽으로 향한다. 결국 아달랴는 자신이 어머니에게 의미 있는 존재가 아니라 한낱 도구로 이용당했던 것처럼, 자신에게 도구로 희생될 제물을 찾는 삶의 방식을 내면화했다. 제물이 되는 이들은 존엄성을 지닌 인간이 아

후고 짐베르크, 〈부상당한 천사〉

1903년, 캔버스에 유채, 127×154cm, 아테네움 미술관, 헬싱키, 핀란드니라 아달랴의 자기애적 욕망을 채우기 위한 하나의 '도구'로 전락한다.

짐베르크의 그림에서 소년들이 상처 입은 어린 천사를 어디론가 데리고 간다. 아이들의 표정이 어둡다. 천사는 눈을 가린 채 몸을 들것에 의지하여 힘겹게 버티고 있다. 무슨 일이 있었던 걸까. 부모에게 박대받은 아이들의 심정을 그린 그림이라는 해석도 있고, 핀란드의 전설을 모티프로 한 그림이라는 이야기도 있다. 아이들이 강가에 상처를 입고 쓰러진 천사를 마을에 데리고 온다. 그러나 어른들이 천사를 마녀라고 몰아붙이며 화형시키려 하자 천사는 슬퍼하며 하늘로 돌아가버렸다. 이 그림의 의미를 묻자 짐베르크(Hugo Simberg, 1873-1917)는 "사람은 자기가 보고자 하는 자신의 내면의 것을 볼 따름"이라고 대답했다. 각자 어떻게 해석하든 천사에게 느껴지는 감정은 슬픔과 염려다. 이러한 감정에 대한 공감이 없는 부모의 눈빛이 아기에게 얼마나 무섭고 황량할지 상상이 되는가?

어떤 페미니스트들은 이세벨과 아달랴를 자기 욕망에 충실하고 관습과 권력과 맞서 투쟁한 주체적인 인물로 재조명한다. 새로운 시각이지만 그 의견에 동의할 수 없는 이유는 모녀의 행위에는 대상에 대한 사랑이 없기 때문이다. 억압당한 자신을 대면하고 통찰하고 인내하는 자기극복을 찾아볼 수 없다. 생명 있는 인간을 자신의 욕망을 위한 도구로 이용한 잔혹함 때문이기도 하다. 자기

실현은 내 욕망의 충족만을 뜻하지 않는다. '나'라는 사람의 독특함을 수용하고 실현하면서 동시에 내가 속한 페르소나와 끝없이 조율하는 데 있다. 페르소나가 부족하면 자기중심성이 강해져 배려가 없고 포악하며 잔인해질 수 있다.

한편 사회문화적 측면에서 이세벨과 아달랴의 잔혹함을 살펴볼 필요가 있다. 《어머니의 신화》를 쓴 미국의 심리학자 서러Shari L. Thurer는 가부장제가 완성되어가던 주전 600년경, 페니키아에 있었던 아기를 불태우는 인신제사Human sacrifice에 대해 언급한다. 그녀는 당시 왜 이렇게 잔인한 제사가 성행했는지, 부모들이 어떻게 자기 아이들을 제물로 바칠 수 있었는지 질문하고 이에 대한 답으로 폭력과 희생에 노출된 여성들의 과도한 보상심리를 들었다. 당시 페니키아는 여성기피증 이상의, 여성혐오증이라 할 만한 광기에 사로잡혀 여성들을 학대하고 말살했다. 아무리 강압적인 사회라 해도 힘없는 희생자 역시 엄청난 분노가 내재되는 법이다. 그런 의미에서 서러가 《어머니의 신화》에서 어머니들이 폭력에 대한 보상으로 아이를 바치는 의식을 허용했다고 본 관점은 의미심장하다.

심각한 사회문제인 아동학대가 의외로 아버지보다는 어머니에 의해 자행되는 경우가 많다. 남편의 오랜 폭력에 시달리거나 빈곤한 여성은 자녀를 학대할 확률이 매우 높다. 반면 남성은 자신의 공격성을 아내에게 쏟아내기 때문에 상대적으로 자녀를 덜 괴롭힌다. 남편에게 폭력을 당한 아내는 가족 내에서 가장 서열이 낮고 힘없는 구성원에게 억압된 분노를 쏟아낸다. 그렇게 죄가 죄를 낳으며 또 다른 가해자가 되어간다. 폭력의 사슬은 폭력을 저지르는 자와 폭력을 당하는 자 사이에서 만들어진다. 부모와 자녀, 형제와 자매와 친척 간에 폭력이 빈번히 일어나는데, 세상에서 가장 강력한 애착대상인 어른에게 당하는 폭력은 아이들에게 그만큼 위협적일 수밖에 없다. 따라서 부모를 통해 뿌려진 폭력이라는 검은 씨앗은 이것이 단절되지 않는 한 아이에게 내면화되어 이성과 페르소나로 통제할 수 없는 괴물로 커져버린다.

애타는 목소리에 귀를 기울이라

오래전, 집단미술심리치료에서 만났던 한 소녀가 떠오른다. 소녀는 과도한 폭력성으로 또래 아이들과 잦은 싸움을 벌인 끝에 엄마의 손에 끌려 나를 찾아왔다. 처음엔 신경질적인 말투로 대답하던 소녀는 집단치료가 계속될수록 주어진 시간에 진지하게 임했다. 그러던 어느 날, 아이들과 자유롭게 그린 선 속에서 재미있는 형태들을 찾는 게임을 했다. 한 아이가 그림을 그리던 도화지를 보여주었다. 하얀 종이 위에는 도무지 알아볼 수 없는 난잡한 그림들로 가득했고, 아이는 "난 행운이 없을 테니까 아무것도 발견할 수 없을 거야"라고 풀 죽은 목소리로 말했다. 그때 갑자기 그 소녀가 벌떡 일어나서 그림을 가리키며 이렇게 외쳤다.

"아니야, 너에게도 행운이 있어!"

모두가 깜짝 놀란 채 소녀를 바라보았다.

"네 그림 속에 에베레스트 산이 있어!"

안타까운 소녀의 외침에 우리는 아이의 그림을 집중해서 보았다. 헝클어진 선들 속에는 도화지를 가로지르는 거대한 '세모'가 있었다. 소녀는 그 세모를 '에베레스트 산'이라고 불러주었다. 자신의 친구가 '럭키 걸'이기를 바라는 마음을 한가득 담고서. 그건 그저 시시한 세모일 수도 있었다. 아무 의미 없는 세모였지만 아이를 응원하고픈 소녀의 눈에는 듬직한 큰 산으로 보였던 것이다. 와아! 순간 아이들이 탄성을 질렀다. '큰 산'을 발견해준 관심과 배려, 온몸을 다해 그 마음을 표현해준 에너지가 주변을 환히 밝혔다. 우리는 말할 수 없는 기쁨을 느꼈다. 시간이 흐르면서 소녀는 집단에서 자신이 주는 피드백이 다른 사람들에게 긍정적이고 선한 영향력을 미치는 것을 자각했고, 그런 자신을 자랑스러워했다.

지금도 그 소녀를 종종 떠올린다. 부정적인 아버지로 인해 넘치는 에너지를 발산할 출구를 찾지 못했던 소녀. 소녀의 에너지는 함몰되어 자아를 갉아먹었고 공격적 성향으로 변질되어 갔다. 그리고 소녀는 점차 타인을 폭력적으로 대하게 되었다. 하지만 집단 미술심리치료 과정에서 자신의 공격성을 희망과 통찰을 주는 능력으로 승화시켜 나갔고, 마침내 친구들을 일으키게 되었다.

소녀의 이야기는 사랑받지 못한 아이가 힘에 대한 보상심리에 사로잡힐 때 어떻게 폭력적 성향을 키우게 되는지 보여준다. 동시에 사랑과 힘이 통합될 때 어떻게 변화되고 화해할 수 있는지를 보여준다. 이 세상을 구원할 힘은 오직 사랑이라고 했던가. 실제로 치료사가 내담자에게 멋진 해석과 명쾌한 통찰을 주더라도 내담자의 마음에 닿지 않는다면 그 말을 사랑으로 느끼지 않는다. 사회복지 현장에서 행하는 사랑과 심리치료 현장에서의 임상적 사랑은 차이가 있다. 임상적 사랑의 실천은 무엇보다도 드러난 행동 이면에 감춰진 은밀한 메시지를 듣고 해석하는 일에서 시작한다. "나를 나쁘다고 비난하지 마요. 내 옆에 앉아주세요, 그때 그럴 수밖에 없었던 나를 이해해줄 수 있나요?"

세상에는 허공을 쳤다가 흩어지는 외침이 얼마나 많은가. 응답받지 못해 사랑을 포기하는 일이 얼마나 많은가. 지금 당신 곁의 누군가가 거절당한 사랑을 되갚으려고 어두운 힘을 끌어모으고 있을지 모른다. 분명한 것은 우리는 들을 귀 있는 자이며, 누군가의 부모이자 형제자매로, 혹은 친구와 선생님으로 살아가고 있다는 사실이다.

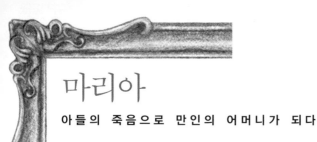

마리아

아들의 죽음으로 만인의 어머니가 되다

그 어머니의 비밀

명품으로 치장한 여인들이 카페에서 자식들 자랑에 여념이 없다.

"우리 아들이 이번에 반에서 1등 했어. 근데 뭐 1등 해도 반 등수보다는 전교 등수가 중요하잖아."

"우리 애는 수학 올림피아드에서 2등 했어. 선생님이 나가라고 하니까 그냥 나가본 건데…."

나이 든 여인들은 자녀의 혼사를 두고 어깨에 힘을 준다. 사위가 명문가 자제라고, 며느리가 혼수로 모피코트를 해왔다고, 어느 호텔에서 결혼식을 올리고, 하객으로 누가 온다며 자랑이 끝이 없다. 집에서 남편에게 당한 억압을 보상이라도 하듯 콧대를 높인다. 자식의 성공은 나의 성공이며 자식의 우월함은 나의 우월함이다. 그런 이야기에 낄 형편이 못 된다고 느끼는 어머니들은 열등감과 부러움에 주눅이 든다. 고등학교 때 나보다 내신 등급도 낮았고 미팅이나 하러 다녔는데 지금은 잘난 자식을 훈장처럼 달고 다니는 모습이 아니꼬운 한편 질투가 난다. 말썽이나 피우는 내 자식을 떠올리니 그저 한숨만 나온다. 그래도 입시정보, 결혼정보를 하나라도 더 얻으려면 억지로라도 이 시간을 견뎌야 한다.

그 자리에 함께 있지만 다소 거리를 둔 채 미소를 짓고 있는 여인이 있다. 어떤 대화에도 요동치 않는 듯, 그녀는 자식에 대하여 한마디 말이 없다. 그녀에게서 뭔가 범접할 수 없는 의연함이 느껴진다. 그들이 나누는 주제에서 초월했다고나 할까. 그녀 생각에 자신의 아들은 경쟁적으로 아낙네들의 자식과 비교할 수준이 아니었기 때문이다. 비교라는 것도 어느 정도 비슷해야 가능한데 그녀의 아들은 무풍지대를 유유히 떠돌고 있었다. 그 정도로 대단한 아들은 굳이 자랑하지 않아도 어머니의 배가 부르다. '어차피 언젠가 너희들도 내 아들이 어떤 존재인지 알게 될 테니까.'

성경에도 이렇게 비교 자체가 불가한 특별한 아들을 둔 어머니가 있었다. 아들의 미래는 확실히 보장된 터였다. 하늘이 택한 세상의 왕이었다. 박해받는 유대민족을 구원할 영웅이 될 존재였다. 천하를 평정할 인물이 될 아들이기에 시쳇말로 스펙을 쌓지 않아도, 재벌가의 사위나 며느리를 보지 않아도, 일류기업에 들어가지 않아도, 고시에 합격하지 않아도 된다. 어머니는 은밀하게 미소를 짓는다.

마리아. 그녀는 인류를 구원할 거대한 존재를 몸으로 품고 낳은 여성이었다. 그녀는 예수의 출생은 물론 성장기를 동고동락하며 돌보았다. 그녀의 인생은 다가올 미래의 왕, 메시아의 어머니로 살았던 삶이었다. 얼마나 자랑스러웠을까. 얼마나 든든했을까. 이 잘난 아들을 얼마나 자랑하고 싶었을까. 아들 예수를 키우는 시간들은 참으로 달콤했으리라. 하늘이 나에게 비밀스럽게 품게 한 고귀한 존재가 바로 내 아들이라는 기쁨에 가슴이 벅찼으리라. 그 자부심은 헤롯을 피해 떠난 피난길도, 낯설고 가난한 이방의 나날도 견디게 할 만큼 지극히 로맨틱했다. 그 비밀을 깊이 감추어야만 하고 그 달콤한 예언을 내색할 수 없었으니 얼마나 답답했을까.

예수는 성숙하고 총명하며 순종적인 아들이었다. 이는 공생애를 시작할 무렵에 있었던 포도주 사건을 통해서 알 수 있다. 갈릴리 가나에서 벌어진 혼인 잔칫날, 포도주가 떨어지자 마리아는 예수를 불러 "포도주가 떨어졌으니 네가 준비해보라"고 한다. 이상하다. 예수님은 잔치의 주인이 아닌데 포도주를 책임지라고 하고 있으니, 마리아가 아들이 전능하다는 사실을 알고 있었던 듯하다. 내심 이런 마음이 있었을지 모른다. '언제까지 그렇게 있을 것이냐. 네가 얼마나 특별한 사람인지 알릴 때도 되지 않았느냐.'

집 안은 사람들로 가득하다. 포도주가 떨어진 지금, 아들이 기적을 일으킨다면 어떨까. 이야말로 아들의 진가를 단숨에 알릴 절호의 기회였다. 그러나 예수는 "포도주가 없는 게 저랑 무슨 상관이기에 그런 얘기를 하십니까?"라고 반문한다. 허나 실은 어머니의 의도를 이미 알고 있었다. 어머니가 자신에게 있는 특별한 능력을 드러내길 기대하고 있음을 직감한 예수는 그리할 수 없노라고 방점을 찍는다. "어머니, 아직 나의 때가 이르지 않았습니다."
마리아는 아랑곳하지 않는다. 더욱 확고하게 자신의 바람을 드러
낸다. "이보게들, 내 아들이 당신들에게 무슨 말을 하든지 그대로
하시게." 마리아는 아들이 내 뜻대로 하리라는 확신에 차 있다. 예
수님은 아직 때가 차지 않았으나 어머니의 청을 외면하지 않는다.
결국 항아리에 물을 채우고 물이 포도주가 되는 기적을 일으킨다.
바로 예수님의 첫 번째 기적이었다.

　'마리아' 하면 우리는 순결한 동정녀이자 성결한 어머니의 이
미지를 떠올린다. 그런데 이 장면에서 그녀는 통상적인 이미지와
사뭇 다른 면모를 보인다. 아들을 자랑하고 싶은 마음에 준비가
안 되었다는 아들의 뜻을 꺾고 자신의 바람을 고수하는 어머니다.
가나의 혼인 잔치에서 그녀는 자식 자랑을 늘어놓는 여인들과 달
라 보이지 않는다. 지극히 인간적이고 평범한 어머니의 모습이 여
과 없이 드러난다. 예수님이 만든 포도주는 처음 내온 포도주와
비교할 수 없을 만큼 달았다. 사람들은 한순간에 기적의 사람으로
우뚝 선 예수님을 경탄의 눈빛으로 바라보았다. 마리아는 비로소
흡족한 미소를 짓는다. 오랜 세월, 남몰래 간직해온 모자의 비밀
이 밝혀지는 순간이었다. "그러면 그렇지! 여보시오, 기적을 베푼
저 사람이 바로 나의 아들이라오."

　얼마나 오랜 세월, 놀라운 비밀을 감추어야만 했던가. 내 자식
이 왕이 되리라는 자기애적인 욕망을 눌러야 했지만 드디어 아들

앞에 드리워진 베일이 걷혔다! 그녀는 아들의 정치행보를 지원하고자 집을 떠났다. 왕좌로 향한 대선행로에 동행했다. 피로한 몸을 추스르며 잠들 때에도 그녀는 꿈을 꾸었다. 아들이 백성에게 추앙받는 왕이 되어 로마제국으로부터 자기 민족을 구할 그날을. 그 꿈을 끌어안고 달콤하게 잠들 수 있었다. 남루한 처지에서도 당당할 수 있었던 까닭은 오직 특별한 아들 덕분이었다. 그러나 그 꿈은 잔인하게도 3년밖에 허락되지 않았다. 그토록 열렬한 인기를 누리던 예수님이 공생애 3년이 되어갈 무렵, '그날'이 찾아온 것이다. 예수님이 말씀하셨던 그날은 왕좌로 향하는 날이 아니라 십자가의 고난이 시작하는 날이었다. 그리고 마침내 예수님이 십자가에 매달렸다. 그의 손과 발에 못이 박히는 순간, 마리아의 지나간 세월도 함께 무너져내렸다.

너무나 특별하게 잉태했던 아들, 하늘의 별처럼 지고한 아들, 가난 속에서도 '나는 왕의 어머니'라는 자부심이 되어주었던 아들, 그 아들이 십자가에서 고통당하고 있었다. 그곳은 더 이상 내려갈 곳 없는 가장 수치스러운 자리였다. 마리아는 아들의 발밑에서 몸부림치며 울부짖는다. "아아, 하나님! 어떻게 된 겁니까? 어떻게 이럴 수가 있습니까? 왕이라고 하지 않으셨습니까? 헤롯이 죽이려 할 때도 신령한 은혜로 죽음을 피했던 아들인데, 어찌 이리도 허무하고 잔인하게 죽게 하십니까? 이게 도대체 뭡니까? 뭐란 말입니까?"

영화 〈패션 오브 크라이스트〉의 십자가 처형 장면이 떠오른다.

그 영화의 정점을 찍는 순간이었다. 어둡고 창백한 화면에 비명과 고함이 가득했다가 소리가 서서히 잦아든다. 정적 속에서 사람들의 공허한 몸짓과 고통스런 눈동자가 하나둘씩 비춰진다. 예수님이 외친다. "어찌하여 나를 버리셨나이까." 이는 그분의 절규이자 제자들의 절규였다. 또한 장차 아들이 메시아가 되리라는 예언을 받았던 마리아의 절규이기도 했다. 마리아는 누구보다 간절히, 숨이 끊어지는 심정으로 절규했으리라. "하나님, 이러면 안돼요. 이건 아니잖아요. 왕이 된다면서요. 메시아가 된다면서요. 하나님, 제발 살려주세요. 내 아들을 살려주시라고요."

다른 사람들 눈에는 예수님이 이대로 숨을 거두실 것이 분명한데 마리아만은 살려달라고 하나님께 매달렸을 것이다. 왜냐하면 하나님은 분명히 예수님이 왕이 될 것이라 예언하셨으므로. 하여 오직 그녀만이 마지막 순간까지 기적을 간구하고 있었다.

엄마와 이별하기

내 서른 살의 겨울밤, 숨조차 쉬지 못해 고통스러워하며 가슴을 치는 엄마를 보는 것이 참혹해서 텅 빈 병원 예배당 바닥에서 뒹굴며 울었다. "주님, 안 돼요. 살려주세요. 엄마를 살려주세요."

신음했다. 애원했다. 헐떡거렸다. 도저히 엄마를 보낼 수가 없었다. 내가 죽고 엄마가 살 수 있다면 내 심장을 맞바꾸고 싶었다. 사랑하는 사람의 죽음과 이별은 그렇게 쉽게 받아들여지는 것이 아니다. 사랑하는 사람을 잃으면 그 사람과 연결된 모든 것이 함께 죽는다. 애착이 강렬할수록 고통은 극심하다. 살점이 떨어져나가는 듯, 죽을 듯이 아프다. 몸과 마음을 다해 사랑했던 사람이 죽었다면, 남은 이의 무언가도 망자(亡者)와 함께 죽는다. 그렇게 간절히 매달렸건만 엄마는 끝내 눈을 감고 말았다.

엄마와 이별하면서 말할 수 없는 정신적·경제적 손실이 잇따랐다. 정 많고 속 깊고 사랑이 넘치던 엄마. 누구나 한 번쯤 돌아볼 정도로 화사하고 아름답던 엄마. 가족뿐 아니라 교회와 이웃에게 가진 것을 아낌없이 베풀었던 우리 엄마. 내 성장기 동안 부모님은 풍요로운 환경 속에서 우리 삼 남매에게 넘치도록 뒷바라지를 해주셨다. 그런데 이제 엄마도 물질도 잃었다. 세상은 비정했다. 엄마가 눈을 감자 사업상 연결되어 있던 가까운 관계들이 하나둘 떠나버렸다. 상실은 엄마가 전부가 아니었다. 엄마가 세상을 떠나기 사흘 전, 어린 시절부터 우리 집에서 함께 살면서 집안일을 돌봐주시던 할머니가 느닷없이 먼저 돌아가신 것이다. 지금도 그리운 박영조 할머니. 우리 삼 남매는 그분이 해준 밥을 먹고 그분이 싸준 도시락을 들고 다녔고, 그분이 세탁해준 옷을 입었다. 함께 웃고 울며 평생을 동행했던 분이다. 나는 두 명의 엄마를 한꺼번에 잃고 말았다. 그 겨울의 사흘 동안.

하나님이 나를 벼랑 끝으로 몰아세우는 것 같았다. 아무리 매달

려도 그분의 계획대로 한 치의 오차 없이 죽음을 시행하는 것 같
았다. 하루에도 수없이 되뇌었다. 어떻게 이러실 수 있을까. 어떻
게…. 그때의 하나님은 내가 알던 분과 완전히 달랐다. 매정하고
무서운 하나님이었다. 하루하루가 지옥이었다. 죽음에 점점 가까
워지던 엄마처럼 나 역시 죽음의 공포와 싸웠다. 치열한 전쟁이
정점에 이르렀을 때였다. 내가 그 기이한 꿈을 꾼 것은.

　사람들이 파도처럼 활기차게 나의 집으로 밀려든다. 그들은 예
전 우리 집 거실에 있던, 엄마가 좋아하는 아름다운 앤티크 가구
들을 들고 있다. 내 집에 그 가구들을 놓겠다고 한다. 놓을 곳이 없
어 당황스럽던 차에 누군가가 "나 여기 있다"라고 말한다. 신발장
뒤쪽에서 나는 소리다. 신발장을 치우니 문이 나온다. 여기에 방
이 있었나, 기이한 생각이 드는 한편 내가 모르던 또 다른 공간이
있다는 사실에 반갑고 설렌다. 천천히 문고리를 당기자 눈앞에 먼
지가 자욱한 빈 방이 펼쳐진다. 고딕양식의 아름다운 창들이 열려
있고, 창문 가득 햇살이 쏟아져 방 안을 환히 비추고 있다. 누구의
손도 닿지 않은, 그 고요하고 아름다운 방 앞에서 나는 경이로움
을 느낀다. 이제 엄마의 가구를 여기에 들일 수 있겠구나.

잃은 자가 되어 잃은 자 곁에

케테 콜비츠(Kathe Kollwitz, 1867-1945)는 세계대전 당시 가난한

농민과 노동자를 위해 그림을 그렸던 독일 화가다. 그녀는 유복한 집안에서 자란 인텔리 여성이자 병원장의 아내이기도 했다. 그러나 그녀는 빈민들에게 마음을 두고 그들의 분노와 삶에 대한 열망을 그렸다. 특히 전쟁고아와 난민아동의 참상을 드로잉과 판화로 표현했다. 그런 그녀에게도 비극이 찾아왔으니 전쟁 중에 아들과 손자를 잃고 만 것이다. 〈죽은 아이를 안은 여인〉은 그 고통을 담아낸 그림이다. 어머니는 죽은 아이를 자신의 온몸으로 안고 있다. 머리와 팔, 가슴과 다리를 모두 절박하게 끌어안는다. 아이를 자궁으로 다시 품겠다는 듯이. 죽음의 신에게 빼앗기지 않겠다는 듯이. 미동 없는 아이의 몸과 달리 어머니의 몸은 역동적으로 흔들린다. 정지 화면이 어머니의 눈물로 진동한다. 눈물로 단단한 침묵을 깨려 한다.

인간에 대한 깊은 이해와 사랑만으로는 부족했을까. 끝내 막을 수 없던 자손들의 죽음으로 그녀는 잃은 자를 연민하는 자가 아니라 그녀 자신이 잃은 자가 되었다. 관찰자의 시선이 아니라 내부자의 동질감으로 사람들의 손을 잡았다. 그녀는 잃은 자가 되어 잃은 자들과 함께한다. 그리고 죽음의 공격에 흔들리는 것이 인생이라고 정직하게 고백한다. 이 정직함은 역설적으로 흔들림 없는 확고한 선과 붓의 압력으로 표현된다.

엄마의 몸은 아름답지도 보드랍지도 않다. 우악스러운 팔다리, 벌어진 어깨, 울퉁불퉁한 근육, 벌거벗은 육체가 고통을 그대로

케테 콜비츠, 〈죽은 아이를 안은 여인〉
1903년, 동판화, 17×19cm, 개인 소장

노출한다. 여성스럽게 단장한 흔적은 어디에도 없다. 아이를 부둥켜안고 통곡하는 그녀는 이상화된 어머니의 모습이 아니다. 미켈란젤로의 〈피에타〉가 고통을 초월한 성녀라면 콜비츠의 〈죽은 아이를 안은 여인〉는 죽음과 상실을 온몸으로 겪어낸 지극히 인간적인 피에타, 지상의 마리아다. 콜비츠는 그 자신의 상실을 통해 전쟁 중에 죽어가는 수많은 약자들과 하나가 된다.

케테 콜비츠의 그림을 보며 죽음과 재생의 의미를 생각해본다. 젊은 시절에는 사랑하는 이들이 늘 내 곁에 있으리라고 안심했다. 왜 죽음과 고통이 필요한지 이해하지 못했다. 그러다 조금씩 두려워졌다. 죽음의 그림자가 나를 덮을까 봐. 그럴 때마다 신앙생활 잘하면 그런 불행은 오지 않겠지, 하며 스스로를 위로했다. 하지만 결국 죽음은 찾아오고 냉혹하게 제 할 일을 한다는 사실을 배우고 말았다. 배우고 싶지 않았으나 나는 쓰라리게 그 진실을 받아들였다. 그러나 생각지 못한 깨달음이 있었다. 죽음이 끝이 아니라는 사실이었다. 모든 것을 태우고 덮은 마지막 영토에서 푸른 싹이 움트고 있었다. 나 자신과 세상에 대한 새로운 시각이 열리며 작은 변화가 시작되고 있었다. 싸늘한 초봄의 대기에 돋아나는 한 점의 꽃봉오리처럼.

엄마와의 이별을 목전에 두고 꾸었던 그 꿈은 나에게 큰 힘이 되었다. 꿈속의 방에 가득했던 빛은 고통으로 짓눌렸던 나날들을 신비롭게 비추는 듯했다. 죽음과 상실로 폐허가 된 마음에 무언가

움트고 있음을 느꼈던가 보다. 내 안의 무의식의 방을 발견했지만 그 의미를 몰랐던 나는 슬픔에서 벗어나기 위해 미술치료 공부를 시작했다. 마리아와 열두 제자가 죽음을 극복하고 만난 부활처럼 미술치료사라는 새로운 자아가 탄생하고 있었다.

1년 전, 나는 친정엄마와 같은 병이 있다는 사실을 알게 되었다. 고통스런 수술과 치료가 있었고 회복의 날들을 보냈다. 나는 지금 다시 태어난 기분으로 살고 있다. 나의 현재는 이전에 경험했던 시간과 질감이, 감촉이 다르다. 색깔과 공기가, 향기가 다르고 또 다르다. 성도들과 예배를 드리다가 문득, 재미난 드라마를 보다가, 그냥 남편과 밥을 먹다가, 해맑게 장난치는 아이들을 잠시 보다가 왈칵하고, 순간순간 가슴이 뻐근해진다. 심장에 손을 대본다. 아, 그래, 두근두근, 나는 이렇게 살아 있다. 멈출 수 없는 뜨거운 사랑의 박동으로. 나의 심장에 두 눈에 손끝에, 더 깊이 더 가득히 더 섬세하게 인생을, 내 사람들을 담아두려 한다. 마리아는 아들을 잃었지만 부활을 통해 새로운 소망을 품었다. 그리하여 예수님이 그토록 나누시기를 원했던 사랑과 생명을 자기 안에 심었다. 마리아가, 콜비츠가 삶을 온몸으로 껴안았듯이 나 역시 그렇게 으스러지게 삶을 껴안고 싶다. 영원히 지킬 수 없음을 알지만 하나님이 허락한 시간 안에서 끌어안고 지켜내고 싶다. 그것이 한정된 삶에서 전부를 사는 방식이다.

미술관에 가면 몇 개의 전시실이 있다.

우리는 첫 번째 전시실을 둘러본 후 다음 전시실로 들어가기 전 잠시 의자에 앉는다. 의자에 기대어 그림의 잔상에 빠져들고 다음 그림을 상상한다. 미술관을 걷느라 긴장한 다리를 쉬어준다. 미술관의 의자는 몸과 마음에 진정한 휴식을 준다. 전시실 사이에 놓인 미술관의 의자처럼, 이 페이지 역시 지금 당신 앞에 놓여 있다. 살로메와 하갈, 마리아… 성경의 여성들을 만난 뒤 남성들을 만나러 가기 전, 신혜수의 그림에 기대어 쉬어보자.

젊은 화가 신혜수의 그림은 여성과 남성의 이야기를 한데 아우른다. 그림 왼쪽 상단에 뒤러의 그림이 있다. 뒤러는 죽음을 개의치 않는 신념을 그려낸 화가가 아닌가. 그런데 히틀러의 모습이 그림 한쪽을 덮고 있다. 이처럼 신념과 폭력이 충돌하는 남성의 세상은 혼란스럽다. 오른쪽 상단 그림에는 인파 속에서 홀로 고개를 돌린 남자가 보인다. 혼란스런 세상 가운데 자신을 잃지 않으려 그는 이편을 바라본다. 진실한 시선에서 남녀 사이의 벽을 무너뜨릴 가능성이 느껴진다. 붉은 소파 오른편 그림에 두 여인이 손을 잡고 일어서려 한다. 왼쪽 그림의 여인은 자궁 속에서 유영한다. 여인들은 어둠에서 빠져나와 새로운 삶을 시작하려는 듯 보인다. 붉은 소파에 생명의 에너지가 넘실거린다. 소파는 나와 여인이 만나는 성소다.

'사이'는 대답을 찾기 위한 여정이므로 사이에 있는 것들은 의문을 던진다. 우리는 미술관의 전시실 '사이'에 놓인 의자에 앉아 침묵한다. 그림이 나에게 어떤 의미를 주는지, 내 안의 어떤 어둠을 들여다보는지 질문하기 때문이다. 이제 두 번째 전시실로 나아가자. 진정한 나를 만나러 가는 길이라면 질문 끝에 빛나는 대답이 당신을 기다리고 있을 것이다. 미술관의 가장 좋은 자리에 걸린 진귀한 그림처럼.

신혜수, 〈공간〉
2011년, 종이를 이용한 콜라주, 29.7×21cm, 개인 소장

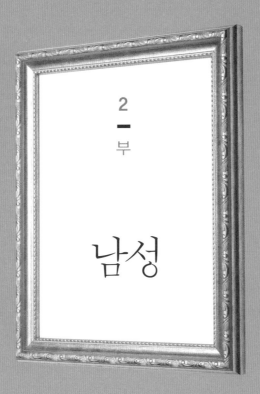

2
부

남성

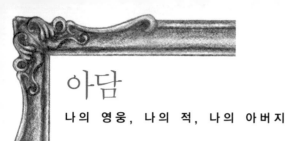

아담

나의 영웅, 나의 적, 나의 아버지

완벽한 피조물의 추락

아이들은 참 단순하다. 하루에도 수십 번 혼나고 수십 번 웃는다. 감정은 빠른 속도로 변한다. 방금 혼나서 엄마의 눈치를 보다가도 친구가 찾아와 놀자고 하면 어느새 해맑게 웃는다. 혼내는 엄마 입장에서는 어쩌면 저럴까 당황스럽기도 하지만 그 순진함에 말할 수 없는 사랑을 느낀다. 그러나 아이들은 점점 알아간다. 세상에는 복잡하고 다양한 사건과 감정이 있다는 사실을. 인생은 고난과 영광, 실패와 성공, 슬픔과 기쁨이라는 씨실과 날실로 짜여 있으며 예측 불가능한 모험과 같다는 사실을 말이다. 한때 권력을 휘두르던 사람이 한순간의 실수로 추락하기도 하고, 젊은 시절에는 별 볼일 없었는데 나이가 들어 주목받기도 한다. 이왕이면 전반전에는 볼품이 없더라도 후반전에는 승리자가 되는 편이 좋을 것이다. 후광처럼 빛나던 영광이 허무하게 침몰해갈 때 그 비애는 이루 말할 수 없으니.

성경에서 영광과 나락을 가장 극적으로 경험한 인물은 누구일까? 나는 단연 아담을 꼽고 싶다. 지상낙원인 에덴을 가졌지만 선악과를 먹어 쫓겨난 아담, 그는 인류를 지칭하는 대명사이기도 하다. 그의 이야기는 탄생부터 죽음까지 우리가 떠안고 풀어가야 할 죄의 원형을 담고 있다. 아담의 비극은 우리의 삶에도 그대로 재현되고 있다. 영광과 나락, 빛과 어둠을 동시에 껴안은 그는 우리 자신을 비추어볼 수 있는 거울이다.

그는 세상 누구보다도 눈부신 빛을 끌어안고 있었다. 전능자를 대면했고 지상낙원인 에덴을 다스리고 누렸다. 천상천하 유아독존, 가히 범접할 자 없는 최고 권력자의 총애를 받는 황태자였다. 사랑 또한 단숨에 얻는다. 도대체 경쟁자가 없다. 아름다운 여자의 마음을 얻기 위한 지난한 구애 과정도 건너뛰었다. 한동안 나는 TV 프로그램인 〈짝〉에 빠졌다. 다양한 조건과 외모를 지닌 남녀가 일주일간 애정촌에서 지내며 짝을 찾는 내용으로 원초적인 분투와 경쟁, 감정의 파도들이 휘몰아치고 있었다. 인기 있는 남녀, 소위 '의자녀'와 '의자왕'이 생기고 그들은 애정촌 최고의 능력자로 군림한다. 사랑의 고수들은 '밀당'을 잘했다. 결정적 한 방을 언제 어떻게 날려야 하는지 꿰고 있었다. 짝짓기 전쟁에서 승자는 원하는 짝을 취했고 패자는 쓸쓸히 애정촌을 떠났다.

하지만 아담은 굳이 그렇게 애쓸 필요가 없었다. 눈뜨자마자 하와는 아담이 자신의 짝임을 직감했고 둘은 곧 하나가 되었다. 한마디로 첫눈에 반한 것이다. 이 얼마나 큰 축복인가. 우리는 첫눈에 사랑에 빠져 평생 사랑의 묘약에 취해 사는 환상을 가지고 있다. 그런데 두 사람에게는 그럴 수밖에 없는 장치가 준비되어 있었다. 둘은 한 몸에서 만들어졌기 때문이다. 알다시피 하나님은 하와를 아담처럼 흙으로 빚지 않으셨다. 아담의 갈비뼈 중 하나를 취해 만들었는데, 이는 둘이 분리된 객체지만 서로의 일부를 공유하는 연결된 존재라는 뜻이다. 실제로 연구에 의하면 사람들은 자기와 비슷한 사람에게 쉽게 호감을 느끼고 마음을 연다고 한다. 비슷한 취미와 문화, 입맛을 가진 사람들끼리 쉽게 사랑에 빠진다. 어머니와 비슷한 말투나 아빠와 흡사한 얼굴, 환경이나 취미가 닮은꼴이라면 더욱 쉽게 사랑에 빠진다. 사랑에 빠지면 표정이나 손놀림, 좋아하는 음식까지 상대를 따라간다. 그가 좋아하고 싫어하는 것, 세상을 보는 시각을 받아들인다. 그렇게 서로에게 동화된 오랜 연인은 강한 애착의 끈으로 연결된다.

나는 어린 시절 편식이 심했다. 야채는 입에도 안 댔고 좋아하는 몇 가지 반찬만 먹었다. 비빔밥은 야채를 하나하나 걷어내고 단맛 나는 흰밥만 골라 먹었다. 결혼을 하고 보니 남편은 미역국과 김치볶음을 좋아했다. 전에는 미역국을 쳐다보지도 않던 내가 미역국을 끓이고 김치를 볶았다. 그가 좋아하니 만들게 되고, 만들다보니 미역을 다루는 데 익숙해지고, 자꾸 간을 보게 되니 먹게 되었다. 그리고 지금은 나도 미역국과 김치볶음을 좋아한다.

남편과 비슷해진 것이 음식뿐이겠는가. 분명히 다른 두 객체가 만났지만 통할 수 있는 몇 가지가 끈이 되었고, 서로 달랐던 부분들은 수많은 부딪힘 끝에 더 많은 끈으로 이어졌다. 하와가 아담의 갈비뼈에서 만들어졌다는 사실은 '닮음'이라는 사랑의 절대충분조건을 충족한 것으로 보인다.

남녀가 닮아가기까지 지난한 과정이 생략된 채 완벽한 사랑을 하나님께 부여받은 자, 그럼으로써 완벽해진 자, 아담은 그야말로 축복의 원형이다. 그러나 모든 것을 소유한 아담은 안타깝게도 인생의 반면교사가 되어버린다. '아담'이라는 이름은 축복의 원형이면서 동시에 죄악의 원형이 된 것이다. 그는 '하나님처럼 눈이 밝아지고자' 하는 욕심으로 인해 조건 없이 모든 것을 준 주인을 배신한다. 성경은 선악과가 '먹음직' 했다고 한다. 그러나 맛있는 것들이야 지천에 널리지 않았는가. 그는 단순한 탐욕 때문에 등을 돌리지 않았다. 하나님처럼 높아지고 싶었기 때문이다. 높아지고자 하는 욕망은 모든 이에게 있다. 존재가 오를 수 있는 최고의 자리에 있던 아담 또한 예외가 아니었다. 아담은 현실에 만족하지 못했다. 오히려 자신의 한정된 존재 자체를 부인하고 그 이상의 것을 탐냈다.

권력과 투쟁의 장, 가족

융은 인간의 가장 강력하고도 근본적인 욕망으로 권력과 에로스를 들었다. 이 두 가지 욕구는 시대와 장소를 불문한 인간역동의 핵심 동기라고 했다. 힘과 애정에 대한 욕구는 각기 다른 듯하지만 깊은 연관이 있다. 가족을 생각해보라. 애정 공동체요, 사랑의 응집체인 가족 안에도 권력이 있다. 모든 구성원에게 같은 힘이 분배되지 않는다. 가족에 따라 권력이 분배되는 모습 또한 다르며 이에 따른 갈등과 경쟁이 생긴다.

　치료사와 내담자 사이에서도 힘의 대립이 일어난다. 모든 내담자는 공감과 이해, 관심을 받고 싶어 한다. 그러나 아무한테나 쉽게 마음을 열지 않는다. 그들은 예리한 눈빛으로 치료사를 살핀다. 자기 이야기를 들려줄 만큼 성숙한지, 의존해도 될 정도로 많이 배웠는지, 경험이 풍부한지 헤아린다. 치료사가 쓰는 단어나 시선, 몸의 자세 같은 비언어적인 태도부터 치료사가 입은 옷이나 치료실의 인테리어까지 까다롭게 따져본다. 마음이 움직여 치료가 시작되어도 속마음을 잘 털어놓지 않는다. 그토록 갈망했던 공감의 순간을 스스로 거절한다. 치료사에 대한 신뢰가 여물지 않았기 때문이리라. 내담자 입장에서는 치료사 역시 불완전한 사람이기에 거듭 만나면서 미진한 믿음을 채워가고 싶을 것이다. 하지만 치료사에게 느끼는 경쟁심 때문에 상담이 정체되기도 한다. 또 치료사의 지식, 따뜻함, 경험들에 질투를 느끼곤 한다. 이런 경우,

치료사의 도움이 위협적이라고 생각한다. 자신이 상대적으로 도움을 받아야 하는 낮은 위치임을 인정하는 것이라고 느끼기 때문이다. 그래서 종종 치료사의 진심 어린 공감을 그럴싸한 연기로, 신중한 해석을 잘난 척한다고 낮추어본다. 그러면서 내담자는 딜레마에 빠진다. 도움을 청하려고 시작한 상담인데 정작 도움의 손길이 다가올 때 이를 잡으면 경쟁에서 진다고 생각하여 그 손을 뿌리친다. 대화는 제자리를 맴돌며 위기를 맞는다. 사랑이 권력에 의해 변질되는 사례다.

가족 안에서 더 높은 자리를 차지하려는 욕구는 갈등을 일으킨다. 부모를 이기고자 하는 자식의 욕망이 은밀할수록 단단한 굴레가 생긴다. 이런 자식의 욕망을 아담과 하와의 욕망과 연결지어 생각해보면 어떨까. 아담과 하와는 각각의 개인이지만, 아담의 갈비뼈로 만들어진 하와는 남편의 또 다른 정신적인 측면을 상징하기도 한다. 보통 남편과 아내는 서로의 대극이자, 서로의 무의식을 반영한다. 성경에서도 한 인간은 부부가 됨으로써 완전해진다고 하는데, 이는 배우자와 무수한 조정 및 조율을 거쳐 통합된다는 뜻이다. 그래서 단순히 두 사람이 결혼하는 것이 아니라 넷이 결혼하는 것이라고 한다. 남편의 의식과 무의식, 아내의 의식과 무의식의 결혼인 것이다. 그런데 성경에서 아담은 하와가 존재하기 전부터 아버지와 연합된 하나였다. 현실에서의 아버지가 아닌 초개인적인 아버지, 신으로서의 아버지를 가진 아담은 에덴동산에서 보호받으며 초개인적 아들로 살아간다.

분석심리학에서는 이러한 초개인적 아버지를 갖는 것을 인간의 생애 중 초기발달에서 일어나는 현상이라고 보았다. 대상관계 심리학자 클라인Melanie Klein을 비롯한 많은 심리학자들도 인간이 태어날 때부터 상당히 많은 것을 이미 '알고'(여기서의 앎은 인식론적인 앎이 아니다. 막연하지만 모호한 느낌으로 존재하는 앎이다) 태어난다고 말한다. 그들에 의하면 인간은 부모의 상像을 선천적으로 가지고 태어난다. 현실적인 부모와 별개로 초개인적이고 신적인 부모의 이미지를 지닌다. 이런 '선천적 앎'은 인간 정신의 가장 근원적인 특성이며 인간이라는 종의 특징이다. 우리는 초개인적 아버지를 가진 아담을 통해 범문화적으로 존재하는 '신 의식'에 대해 이해할 수 있게 된다. 아담은 우리의 기억 너머에 존재하는 야훼와의 경험의 원형이다.

그런데 아담에게 사건이 일어난다. 아버지의 명령을 어기는 사건이다. 그 유명한 에덴동산의 일화를 통해 알려진 바대로 하나님과 아담의 관계를 깬 것은 뱀이었다. 세상의 존재인 뱀은 이미 선악이 무엇인지 알고 있다. 뱀은 자신의 '세상적 앎'을 통해 잠든 하와를 깨워 선악과에 손을 뻗게 부추긴다. 이제 선악과를 향한 은밀한 욕망이 움직인다. 그리고 아담의 의식적인 측면을 지배한다.

아담이 이르되 하나님이 주셔서 나와 함께 있게 하신 여자 그가 그 나무 열매를 내게 주므로 내가 먹었나이다(창세기 3장 12절).

흔히 하와가 원인을 제공했다고 주장하지만, 한편으로 아담은 하와의 결정에 휘둘리는 부실한 존재라는 것 역시 사실이다. 표면적으로 하와는 아담을 유혹한 것이 맞지만, 내 생각에 아담을 유혹한 결정적 요소는 하와가 아니다. 하와의 말을 듣고 선악과를 먹기로 결심하게 한 아담 내면의 '그 무엇'이다. 그것은 뱀을 통해 건드려진 자신의 숨겨진 욕망이다. '눈이 밝아 선악을 알게 되어 하나님과 같아진다'는 권력과 힘에 대한 욕망이다. 아담의 욕망은 하와를 통한 외부자극을 통해 외현화된 것이다. 완벽한 자궁 같은 에덴동산에서 시작한 인간의 욕망은 이렇게 가정에서 싹튼다. 정신분석은 인간이 태어날 때부터 자신의 유약함을 본능적으로 알고 죽음불안을 가진다고 말한다. 신생아들은 세상 모르고 평화로이 잠만 자는 것이 아니라 죽음불안에 시달리는 취약한 존재라는 것이다. 아기는 외부세계를 자신을 공격하는 사악한 곳으로 느끼지만 현실 앞에서 무기력하다(배고픈데 우유를 주지 않을 때, 기저귀가 젖었는데 아무도 달려오지 않을 때 불안은 더욱 활성화된다). 죽음불안을 처리할 방법은 오직 하나, 환상 속에서 자신을 불안하게 하는 막연한 것들을 공격하는 것이다. 환상 속에서는 나쁜 힘들을 전능하게 다룰 수 있다(이 말은 유아도 태어날 때부터 많은 것을 알고 태어난다는 의미다. 클라인이 언급한 이러한 환상의 실제 여부에 대해서는 의견이 분분하지만 아기에게 초보적인 수준의 앎이 존재한다는 사실은 지지받고 있다).

아버지와 아들, 하나님과 나

프로이트(Sigmund Freud)는 오이디푸스 콤플렉스를 통해 엄마를 사랑하는 아들이 아버지를 경쟁자로 여기고 아버지와 싸우는 아들의 드라마를 이야기했다. 아들은 유아 시절, 자기의 성기가 어머니의 그것과 다름을 알게 되면서 이성에 대해 자각한다. 어머니의 부드러움, 따뜻함을 사랑하는 아들은 어머니에게 남자이고 싶다. 소매를 걷고 가녀린 팔을 들어올리며 "엄마, 내 알통 보이지?"라고 자랑을 하면 어머니는 박수를 친다. 신이 난 아들은 자신이 아버지보다 더 힘이 세고 멋진 남자임을 과시한다. 그런데 문제가 생긴다. 아버지와의 경쟁에서 실패하는 것이다. 엄마에게 유일한 존재이길 원했던 아들은 부모가 특별한 관계라는 사실을 서서히 눈치 챈다. 부모가 함께 자신을 혼낼 때, 나의 연인인 어머니에 대한 배신감에 절망한다.

어느 날, 엄마보다 먼저 퇴근하여 집에 온 아빠에게 혼났다. 장난감을 어질렀다고 화를 내는 아빠가 밉다. 울고 싶지만 더 혼날 것 같아 간신히 참고 있다. 그때 문이 열리는 소리가 난다. 엄마다! 엄마는 문을 열자마자 나와 아빠를 보고는 눈이 휘둥그레진다.

"아니, 도대체 애한테 왜 그러는데?"

아빠에게 화를 내는 엄마를 보자 '드디어 내 편이 왔다'는 든든함과 안도감이 몰려온다. 참았던 눈물이 쏟아진다. 이제 나의 사랑 엄마는 아빠로부터 나를 구원해줄 것이다. 역시 엄마는 나를 안쓰럽게 보듬어준다. 그런데 자초지종을 들은 엄마의 얼굴이 점점 일그러진다.

"너! 엄마 립스틱으로 벽에 낙서한 거야? 저게 어떤 건데! 샤넬 립스틱이란 말야. 내가 얼마나 아끼는 줄 알아!"

엄마는 아빠보다 더 화를 내고 둘은 한편이 되어 소리를 지른다.

'어, 이건 뭐지?'

부모 사이에 끼어들 틈이 없음을 알게 된 아들은 좌절한다. 이로 인해 어머니를 소유하고 아버지를 이기려는 욕망을 포기한다. 대신 어머니의 남편인 아버지 같은 존재가 되어 훗날 어머니 같은 여성을 소유하는 대안을 택한다. 이때 아버지와의 동일시는 아버지를 닮은 아들이 되는 중요한 심리적 기제가 된다. 아버지가 양치질하는 습관, 밥을 먹는 모습, 여자들을 대하는 태도… 이처럼 아들은 아버지의 모든 행동을 관찰하고 닮아간다. 이런 갈등을 잘 풀어나간 아들은 '그땐 그랬지'라며 오이디푸스 콤플렉스를 성장과정의 귀여운 에피소드로 회상할 수 있다. 아들은 아버지에게 약육강식의 세상에서 살아남는 사냥꾼의 기질도 배운다.

아버지를 뛰어넘고자 하는 아들의 권력욕은 인류 역사를 이끌어온 인간의 오래된 본성 중 하나다. 바벨탑 사건을 보라. 아들은 아버지의 세계인 하늘 끝까지 집요하게 페니스를 세우려 한다. 바벨탑은 화해와 나눔, 소통이 아니라 아담의 욕망으로 점철된 아들의 강박이 세운 탑이다. 오이디푸스 콤플렉스는 누구나 지나는 발달 과정이지만 개인마다 다르게 나타난다. 아버지와 친근한 아들은 세상을 두려워하기보다 도전하고 탐색하려 한다. 도전이 주는 긴장을 즐기기도 한다. 이때 아버지가 주는 찬란한 빛은 자신이 세상의 주인이요, 독립된 주체라는 정체성을 갖게 해주는 성장 요소다. 그러나 가족을 억압하여 지배하거나 폭력을 휘두르는 아버지라면 아들은 그에게 저항하고 투쟁하며 뛰어넘으려 한다. 너무 성공하고 잘난 아버지를 둔 아들은 그 기세에 눌려 자신감을 잃고 위축될 수 있다. 어떤 아들은 인정받기 위해 아버지의 가르침을 성실하게 수행하여 정신적·물질적 가계를 이어받지만, 어떤 아들은 결코 인정받을 수 없다는 열등감을 느끼고 이에 대한 방어로 아버지의 모든 가치를 부정하며 그의 세계를 뛰쳐나가 다른 부성 세계를 찾고자 한다.

'난 아버지처럼 강압적인 사람이 되지 않을 거야.'

'힘을 키워서 나쁜 아버지로부터 엄마와 동생을 구해줄 거야.'

이런 아버지라면 장성한 아들이 자신을 뛰어넘는 것도 기뻐하지 않는다. 그는 아들의 힘을 두려워하게 된다. 강해진 아들에게 언젠가 제압당하리라고 여긴다. 아버지와의 갈등은 아들의 사회 생활에도 반영된다. 아버지의 망령이 스승이나 상사 같은 권위자와의 관계에 투사되어 갈등을 겪는다. 오이디푸스 콤플렉스를 극복하지 못한 아들이 권위자가 될 경우는 어떨까. 그 역시 아버지처럼 자녀나 제자가 성장하면 자신을 위협하리라 여긴다. 반면 건강한 아버지와 스승은 자녀와 제자의 성장을 시기하지 않는다. 제자의 젊은 에너지와 자신의 소멸하는 에너지를 견주며 잠시 섭섭하고 위축되기도 하지만 성장 자체를 무너뜨리려 하지는 않는다. 자신의 좋은 자원으로 아이들이 성장한다는 사실을 알고, 자신의 유산이 다음 세대를 통해 세상으로 뻗어나가는 모습에 기뻐한다. 그리고 아들을 통해 영광을 받는다.

고야(Francisco Goya, 1746-1828)의 〈아들을 잡아먹는 사투르누스〉는 부정적인 아버지에게 거세된 아들의 비극을 담고 있다. 사투르누스(그리스 신화의 크로노스)는 유피테르(그리스 신화의 제우스)의 아버지다. 사투르누스는 성장하는 아들을 용납할 수 없어서 태어나는 자식들을 삼켜버린다. 사투르누스는 자기 권력을 지키기 위해 자식과의 경쟁에 사로잡힌 부정적 아버지의 전형이다. 이런 아버지 아래서 아들은 존재 자체가 찢기는 고통을 겪는다. 아버지에게 억압당하는 동안 아들은 권력에 대해 비틀어진 탐욕과 열등감을 품게 된다. 아담은 아버지를 뛰어넘고자 하는 오이디푸스적 욕망에 사로잡혀 넘어서는 안 될 선을 넘는다. 일각에서는 이것을 아

고야, 〈아들을 잡아먹는 사투르누스〉

1823년, 캔버스에 유채, 146×83cm, 프라도 미술관, 마드리드, 스페인들이 초개인적 아버지로부터 분리되어 실제적인 아버지를 갖는 현실적 자아의 탄생으로 보기도 한다. 이해할 수 있는 관점이지만 그렇게 되면 아담의 이야기는 영적 측면이 배제된 채 정신의 발달이라는 측면으로 축소된다. 영적 측면과 심리적 측면을 통합할 수 있는 관점은 여전히 논의 중이다. 분명한 것은 인간은 죄된 존재이고 아버지를 이기고 싶은 욕망을 안고 가는 존재라는 사실이다. 이를 부인하는 일은 곧 또 다른 신이 되고자 하는 경직된 방어일 수 있다. 아버지와의 경쟁이란 피할 수 없는 비극이지만 그러기에 우리는 오이디푸스적 욕망을 성찰하며 바라보아야 한다. 그것이야말로 완벽하지 않은 우리의 존재를 인정하는 겸손한 태도이다. 불완전한 인간 앞에도 영적인 길은 놓여 있다. 그 길은 현실의 아버지를 동일시하여 갈등을 극복하는 아들의 노력처럼, 하나님의 성품을 닮고자 노력하는 영적 동일시의 과정이다.

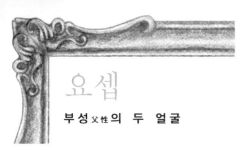

요셉

부성父性**의 두 얼굴**

하나님께서 아담을 창조하고 생기를 불어넣는다. 하나님과 아담
은 각기 다른 공간에 있어 근본적으로 다른 존재임을 나타내지만
맞닿은 손가락은 서로를 지향하고 있다는 뜻이리라. 그림에서 하
나님은 인간과 같은 형상으로 묘사되고 있다. 미켈란젤로
(Michelangelo, 1475-1564)가 표현한 그분은 아담을 바라보고 손가
락을 맞대며 그에게 집중하는 지극히 인간적인 하나님이다. 미켈
란젤로는 하나님과 아담의 그림을 그리며 세상의 모든 아버지와
아들, 하나님과 미켈란젤로, 아버지와 미켈란젤로의 관계를 투사
했을까. 그는 스스로를 돌보지 않고 그림에만 몰두하여 사람들은
그를 존경하는 한편 기인이라 여겼다. 미켈란젤로는 늘 고독했
다. 한번은 그가 교황의 총애를 받아 교황 묘소를 세우는 작업을
맡게 되었는데, 그를 시기하던 화가들이 궁지에 몰아넣을 계략을
짰다. 미켈란젤로에게 가장 미숙한 장르인 벽화를 그리도록 한
것이다(그는 그림보다 조각에 발군의 실력을 보였다). 그런데 그는 독

학으로 그림을 배우며 4년 뒤, 단 두 명의 조수와 함께 시스티나 성당의 천장벽화라는 위업을 완성한다. 권위자에게 받는 사랑은 다른 이들을 질투하게 만들고, 아버지의 편애 역시 형제들 사이에 분란을 일으킨다. 쏟아지는 질투 속에서 미켈란젤로는 시대를 대표하는 명작을 탄생시켰다. 그 원동력은 무엇이었을까?

위기일발의 야곱 가족

언젠가 막 다섯 살이 된 첫째 아들에게 물었다.

"태준아, 너 이다음에 뭐가 되고 싶니?"

"나? 아빠가 될 거야."

천진하게 '아빠'가 꿈이라고 하는 아이를 보니 웃음이 났다.

"아빠는 이다음에 당연히 되게 되어 있어. 아빠 말고 교수나 연예인, 축구선수 이런 거 말이야."

"왜? 난 아빠가 될 건데."

태준이는 눈을 동그랗게 뜨고 반문했다. 이제 초등학생이 된 아이는 장래희망이 의사나 요리사라고 말하지만, 다섯 살 당시에는 왜 아빠가 되는 게 꿈이라고 했을까? 세상에 얼마나 다양한 직업이 있는지 몰랐기 때문이었을까?

세상의 반은 남자고 나머지 반은 여자다. 독신남성도 많지만 아직 더 많은 남성들이 누군가의 아들이었다가 훗날 아버지가 된다.

미켈란젤로, 〈아담의 창조〉
1510년, 프레스코, 280×570cm, 바티칸 시스티나 성당, 이탈리아

아들은 딸과 마찬가지로 어머니라는 최초의 양육자에게 안기고 사랑받고 돌봄을 받지만 세상에 조금씩 눈떠가면서 아버지로 눈을 돌린다. 내가 그렇게 사랑하는 엄마를 아내로 맞아들인 아버지는 어떤 존재인가. 밥을 한 그릇 거뜬히 비우는 모습도, 고장 난 TV를 고치는 모습도, 유쾌하게 칫솔질하는 모습도 아들에게는 매우 특별해 보인다. 아동기에 접어들기 전, 유아기의 아들은 이렇게 말한다.

"난 커서 아빠가 될 거야!"

아버지에게 인정받는 아들이 되는 것, 이는 아들에게 너무나 간절한 소망이다. 아버지의 인정은 훗날 아들이 세상에 나가 거둘 성과물을 지금 여기 눈앞에 담보해주는 것과 같은 의미다. 그것은 오랜 가부장 역사에 각인된 '권력'과 '힘'의 상징이기 때문이다. 실제로 아버지와 친숙한 관계를 유지하는 자녀들이 사회에서 유능한 사람이 된다는 연구결과도 있다.

요셉은 야곱이 그토록 사랑했던 여인 라헬의 첫째 아들이다. 요셉 이전에도 아들이 있었지만 라헬의 아들인 데다가 노년에 얻은 늦둥이라 야곱은 요셉에게 각별한 애정을 쏟았다. 때문에 형들은 그를 질투했다. 요셉은 외모도 준수했다. 보디발의 아내에게 애정 공세를 받은 걸 보니 소위 '꽃미남'이 아니었을까. 타고난 복을 지닌 사람이었다. 그러나 남다른 재능이나 사랑받는 능력을 지닌 사람은 예나 지금이나 평범한 이들에게 투사의 대상이 되게 마련이다. 나의 무능함을 남 탓으로 돌리며 열등감에서 벗어나려는 것이다. 신데렐라나 콩쥐, 백설공주는 특별한 자질 탓에 강렬한 투사의 대상이 되는 전형적인 인물이다. 여기서 투사는 줄기차게 우리를 쫓아다니는 '열등감'이라는 망령이다. 열등감은 태어날 때부터 죽는 순간까지 떠나지 않는다. 성공한 것처럼 보이는 이들도 열등감에 사로잡히지 않으려 달음박질한다. 실패한다는 건 열등감이 다시 수면에 올라온다는 뜻이기에 절대로 있어서는 안 되는 일이다. 인간의 성격 형성에 성적 충동을 강조했던 프로이트와 달리, 아들러Alfred Adler는 어린아이가 자아를 성장시키는 가장 결정적인 과제는 열등감의 극복이라고 말했다. 우월하고자 하는 욕구와 콤플렉스라고 할 수 있는 열등감은 가장 기본적 단위인 가정 안에서부터 부딪힌다. 우리가 사랑의 공동체라고 믿는 가족 안에서도 권위, 애정, 경제권과 인정에 따른 힘의 원리가 작용하고 서열이 생긴다. 가족 구성원 사이에 절대적 평등이란 현실적으로 불가능하다. 이 잔인한 현실은 열등감을 극복하도록 자극하는 쓴 약이 된다. 하지만 구성원 중 한 사람에게 지나치게 힘이 집중되면 건강하지 못한 '역기능적 가족'이 될 가능성이 크다. 이런 지나친 집중이 어리고 힘없는 자에게 일방적으로 주어진다면 다른 구성원의 반발은 더 거세질 수 있다.

야곱의 가정은 그런 역기능적 문제를 다분히 내포하고 있었다. 당시의 통념상 장자에게 돌아갔던 수혜들이 어린 동생에게 집중되었다. 이로 인해 장자는 물론 11명의 형들도 고스란히 수치심과 거절감을 느끼게 되었다. 그들의 열등감은 이상화된 아버지가 아니라 요셉에게로 투사되었다. 요셉에 대한 형들의 투사는 강력했다. 서글프기 그지없는 일이었다. 코흘리개 동생을 질투하는 모습이 얼마나 초라했을까. 아버지의 사랑이 요셉에게만 쏟아지니 어쩌면 요셉의 눈치를 보며 살아야 할지도 모른다는 두려움에 사로잡혔을 수도 있다. 요셉이 의도했든 그렇지 않든 그는 이미 형들의 것을 빼앗는 자가 된 것이다. 누군가에게 내 것을 빼앗길 때 우리는 어떤 태도를 취하는가. 빼앗으려는 사람에게 이를 드러내고 달려든다. 그것은 열세에 놓인 인간의 생존방식이다. 시기하는 자는 본능의 충동에 사로잡힌다. 시기받는 자가 시기하는 자에게 먹힐 수 있는 매우 위험한 상황이다. 그러나 야곱과 아내들 모두 가족 안에 진행되고 있는 심리적 위기를 인지하거나 그로 인한 갈등에 개입하지 못했다.

이기적인 아이 요셉

요셉은 과연 형들의 시기와 질투를 몰랐을까? 그럴 리 없다. 노예로 팔려갔을 당시 그의 나이 열일곱 살이었으니, 집안 분위기는 충분히 파악했을 것이다. 그렇다. 요셉은 열일곱 살이었다. 10대 청소년들은 '힘'에 집착하고 민감하게 반응한다. 또래 집단에서 힘이 누구에게 집중되어 있느냐가 초미의 관심사다. 그 힘이 어린 자신에게 집중되었음을 아는 요셉은 형들의 시기 어린 시선을 즐겼을지도 모른다. 형들에게 미안해하거나 조심하는 태도가 아니었던 것 같다. 형들에게 자신이 꾼 꿈을 들려주는 요셉은 분명 우쭐대는 아이의 모습이었다.

요셉이 그들에게 이르되 청하건대 내가 꾼 꿈을 들으시오. 우리가 밭에서 곡식 단을 묶더니 내 단은 일어서고 당신들의 단은 내 단을 둘러서서 절하더이다. 그의 형들이 그에게 이르되 네가 참으로 우리의 왕이 되겠느냐 참으로 우리를 다스리게 되겠느냐 하고 그의 꿈과 그의 말로 말미암아 그를 더욱 미워하더니(창세기 37장 6~8절).

요셉은 형들에게 꿈 이야기를 들려주며 그들의 공격성을 자극한다. 형들은 "네가 우리의 '왕'이 되겠느냐"라고 점잖게 물었을까? 요셉의 말에 혀를 찼을 것이다. "참 건방지기 짝이 없구나. 조그만 것이 버릇없이 네가 우리의 왕이 된다고? 기가 차군!"이라며 비난했을 것이다. 그런데 철없는 동생은 아랑곳하지 않고 또 다시 비슷한 꿈 이야기를 들려준다.

요셉이 다시 꿈을 꾸고 그의 형들에게 말하여 이르되 내가 또 꿈을 꾼 즉 해와 달과 열한 별이 내게 절하더이다 하니라(창세기 37장 9절).

도무지 배려가 없는 요셉이다. 분노를 조절하려는 형들의 자아 ego에 결정타를 날린 셈이다. 이 철없는 막내가 가까스로 억압하고 있던 형들의 공격성을 건드리자 형들의 자아는 속수무책이 된다. 아들러는 형제 순위가 개인의 성격에 미치는 영향에 대해 연구했는데, 첫째 아이는 어른들의 기대와 인정을 중요시 여기며, 자신에게 부여된 첫째로서의 권위를 어른들의 권위에 순종함으로 강화시키고자 한다. 그리하여 첫째는 집단의 리더에게 반발하지 않고 집단의 가치에 순응한다고 했다. 반면 막내는 버릇없는 아이 spoiled child가 된다고 한다. 막내는 출생 순위에 따라 자기만 알고 주변 사람을 고려하지 못하는 자기애적 성향을 지닌다. 그러나 막내가 좋은 환경에서 적당한 좌절을 경험하면 응석받이가 받은 충분한 사랑을 자양분 삼아 배려하는 능력으로 강화하여 훌륭한 리더가 될 수 있다. 물론 요셉은 막내가 아니었다. 요셉에게는 손아래 동생 베냐민이 있었다. 하지만 나이 터울이 상당했다(혹자는 열다섯 살 정도 차이가 난다고 한다). 따라서 요셉은 대부분의 성장기를 막내로 자랐다. 게다가 형으로서의 역할수행을 충분히 경험하지 못했다. 대부분의 성장기를 막내로 자라 인생의 쓴맛을 보지 못한 요셉은 형들과 부모 앞에서 "아버지도 어머니도 내 발 앞에 무릎을 꿇었다"고 자랑한다. 아들러가 말했던 전형적인 버릇없는 아이다. 노년에 라헬에게서 얻은 특별한 아들이라는 것. 자신의 어머니가 큰어머니 레아보다 아버지의 사랑을 훨씬 많이 받았다는 사실을 요셉은 본능적으로 직감했고, 이 세상이 그의 꿈처럼 자신을 중심으로 움직인다는 '천상천하 유아독존'에 빠져 있었다. 지극히 자기애적인 요셉의 꿈은 그가 유아기의 자기중심적 상태에서 벗어나지 못하고 그 자리에 고착되어 있음을 보여준다. 유아기의 '자기중심적 특징'이란 무엇일까? 어느 날, 네 살 된 아들이 길을 가던 중, 갑자기 고개를 갸우뚱하며 물었다.

"엄마, 왜 해가 자꾸 나를 따라와?"

자기를 중심으로 세상을 판단하는 유아적 사고에서 나오는 질문이었다. 해가 지금 자기를 쫓아오고 있다. 나는 아이의 즐거운 상상을 깨고 싶지 않아 이렇게 말했다.

"응, 해님이 태준이가 너무 좋아서 같이 놀고 싶은가 봐."

어린아이들은 자신이 넓은 세상의 작은 구성원 중 하나라는 현실을 알지 못한다. 세상이 자기를 중심으로 돌아간다고 믿는다. 어린아이들에게 자기중심적 사고는 지극히 자연스러운 현상이다. 아직 현실을 객관적으로 사고하고 관찰할 수 있는 인식능력이 부족하기 때문이다. 이런 환상은 연약한 아이들의 자아를 지지하는, 약이 되는 착각이다. 아이가 경험하는 주관적 세계는 자신이 직접 눈으로 보고 귀로 들은 실제 세계다. 작고 여린 아이들이 자신이 속한 세상의 진면모를 너무 빨리 알아차리면 약한 자아는 충격을 받을 수도 있다. 즉 '세상은 나와는 상관없이 잘 돌아간다'라는 객관적 현실이 반드시 중요한 사실은 아니라는 뜻이다. 부모는 적절한 태도로 한동안 환상을 깨지 않고 지켜주어야 한다. 물론 아이의 성장 초반기에는 부모도 달콤한 환상에 젖곤 한다. 부모는 아이가 자라는 모습이 그저 신기하고 대견하다. 아기가 옹알이를 할 때 즈음 흥분하며 이렇게 외친다.

"우리 아이가 말을 너무 잘해요! 천재인가 봐요!"

아들과 축구를 해본 기억이 있는가. 혹은 아들과 공차기를 해본 적이 있는가. 아버지는 짧고 통통한 다리와 작은 발로 축구공을 차는 아들이 마냥 사랑스럽다. 아빠의 힘찬 구호에 맞춰 공을 차보지만 어이쿠, 공은 제자리에 있다. 태산 같은 아버지는 헛발질하는 아들에게 주먹을 불끈 쥐며 할 수 있다고 격려한다. 작은 몸을 잡고 공을 차는 방법을 친절하게 가르쳐준다. 용기를 얻은 아들이 어쩌다 성공이라도 하면 번쩍 들어올리며 '브라보'를 외친다. 생각해보라, 하늘을 향해 나를 들어올리는 아버지를, 신전 기둥처럼 탄탄한 팔과 부드럽고도 강인한 눈빛을 가진 아버지가 나를 보며 웃음을 터뜨리는 완벽한 순간을. 그의 팔에 의지하여 하늘을 날아오를 때 세상에는 오직 아버지와 나만이 존재한다. 아버지가 나에게 최고라고 외치는 순간에는 아들도 산이 된다. 태양은 나만을 비추며, 산과 하늘은 나를 돋보이게 하기 위한 배경이다. 이렇듯 부푼 자기감은 아버지의 인정을 통해서 일어난다. 아버지의 인정을 통해 아들은 세상에 대한 두려움을 극복한다. 아버지라는 존재는 사회적 은유의 상징이기 때문이다. 아버지의 인정을 받는다는 것은 아들이 극복해야 할 이 세상, 이 사회를 이미 획득했다는 뜻이다. 언젠가 세상을 다스릴 어린 아들이 아버지를 통해 미리 세상을 정복하는 경험을 하게 된다.

요셉은 유아적 소망의 충족감을 담은 두 가지 꿈을 형들에게 말함으로써 그들의 열등감에 치명상을 입힌다. 그 대가로 형들에 의해 이집트의 노예로 팔려가고 노예가 된 후에는 모함을 받아 언제 죽을지 모르는 사형수 신세가 되고 만다. 어린 요셉은 세상이 자기만을 위해 움직이는 것처럼 느끼는 이기적인 자기애적 수준에 머물러 있었다. 태양이 자기를 중심으로 돌아가는 것처럼 느꼈던 내 아들처럼 말이다. 청소년기는 또래나 동성들과의 형제애 경험이 아주 중요한 시기다. 또래와의 관계를 통해 부모와 분리된 정체성을 형성해가기 때문이다. 또한 현실세계에 부딪쳐 자신의 한계를 알고 인정하고 수용할 수 있어야 한다. 이는 곧 풍선처럼 한껏 부풀고 팽창된 자아에서 현실적인 자아로 가기 위한 필수요소이기도 하다. 그렇지 않으면 어른이 된 후에도 이기적이고 연약한 어린아이로 남을 수밖에 없다. 아버지는 아들을 사랑하되 이상과 현실을 모두 가르쳐주어야 한다. 신처럼 이상적인 아버지, 그리고 세상의 냉혹함을 보여주고 자신이 극복했던 방식을 아들과 나눔으로써 실제적 자원들을 시험해볼 수 있도록 돕는 현실적인 아버지, 양자가 모두 필요하다. 적당한 좌절은 현실을 인지하고 자신의 장단점을 수용하게 한다. 이것이 바로 건강한 자아의 역할이다. 넘치는 사랑과 인정은 어느 때까지는 도움이 되지만 그 이상은 독이 된다. 막내 아들에게 연연하는 아버지 야곱의 치우친 사랑은 요셉에게 존중과 배려를 배우지 못하게 했다. 따라서 자기애로 똘똘 뭉친 10대 소년 요셉은 고난을 겪게 된다. 하지만 고난은 성숙으로 가는 필연적인 과정이었다. 일종의 성장통이라고 할까? 그렇다면 막내를 사지로 내몬 형들은 요셉의 삶의 여정에서 어떤 의미를 지니게 될까? 신화에서 주인공을 해치는 인물은 궁극적으로 주인공이 어떤 목적에 도달하기 위한 자극제가 된다.

버림받은 요셉은 먼 이집트로 끌려가면서 수많은 생각을 했을 것이다. 처음에는 형들을 원망하고 복수를 꿈꾸었을지도 모른다. '말도 안 돼. 있을 수 없는 일이야. 어떻게 나에게 이럴 수 있지? 아버지가 날 찾으러 올거야. 아버지, 어서 빨리 날 구해주세요. 아버지를 만난다면 형들이 한 짓을 모두 고해바칠 거야.' 요셉은 아버지를 찾다가, 형들에게 분노했다가, 어찌 될지 모르는 앞날이 두려워 눈물을 흘렸을 것이다. 그러나 시간은 흐르고 이제 아버지를 만날 수 없다는 현실과 마주하게 된다. 그때 요셉은 무슨 생각을 했을까? 이렇게 질문하지 않았을까? 도대체 왜 이런 일이 내게 일어났을까? 형들은 왜 나를 그토록 미워했을까? 내가 그들에게 어떤 존재였던가….

요셉은 노예가 되고 언제 죽을지 알 수 없는 사형수가 된다. 감옥에 갇혔다는 것은 자신을 잃어버릴 수 있는 상태, 즉 영원한 아버지로부터 거세되어 관습적인 자신으로 남아버린다는 정신적 위험을 의미한다. 그가 스스로의 소유권을 주장할 수 없는 상태라는 뜻이다. 몸과 영혼이 내 것이 아니요, 주인이 모든 것을 다스린다. 즉 주체가 아닌, 타자의 삶을 사는 수동적 존재가 되고 만다.

'내 월급 다 부모님께 드리더라도 아깝지 않아. 착한 자식이고 싶어.' 이런 관습적인 생각을 하는 자아는 다른 사람의 판단에 따라 나의 존재를 결정짓는다. 집단의 규율과 규칙에 나를 맞추어 자기를 소멸시킨다. 오직 상징적 아버지인 법과 규율에 충성하여 가치를 찾는 무력한 자아다.

요셉은 아버지의 일방적인 사랑에서 멀어지고 왕좌에서 추락한 대극對極의 상황에 놓인다. 그리하여 더 이상 세상이 자신을 아버지처럼 돌봐주지 않는다는 진실에 눈뜬다. 이상적 아버지에만 매달려 있던 아들은 현실적 아버지를 만나지 못한 탓에 엄청난 정체성의 혼란을 느낀다. 나는 누구인가. 아버지 없이 무엇을 할 수 있단 말인가. 어떻게 생존할 것인가….

자기중심적이고 타인을 진정 사랑할 줄 모르던 요셉은 감옥에 갇힌 우울한 상태로 내몰리지만 그는 아버지 품속에서 몰랐던 새로운 것을 경험하게 된다. 그는 아버지와 끈끈한 종적연합 관계에서 내려와 감옥에 있는 같은 처지의 사람들과 횡적연합 관계를 맺으며 결속한다. 이제 그는 더 이상 자색옷을 입고 사랑을 독차지하는 요셉이 아니다. 그들과 같이 초라한 떡을 먹고 불안한 미래를 함께 염려하는 동지가 된다.

부성, 믿음의 디딤돌이 되어

청소년기는 부모와의 애착이 느슨해지고 형제나 또래집단과의 애착이 중요해지는 시기다. 또래와의 우정과 형제애는 자기를 확인하고 부모로부터 분리해나가는 중요한 역할을 한다. 형제들과 어울리지 못하고 동성집단과 관계를 맺지 못하여 사춘기 심리발달에 구멍이 났던 요셉은 감옥에서 청소년기에 반드시 필요한 횡적 결속을 경험한다. 그 과정에서 아버지와 다른 자기만의 탁월함을 발견한다. 바로 꿈을 해석하는 능력이다. 하나님이 요셉의 성품과 기질에 심어두신 그만의 특별함, 그것을 포로가 된 상태, 갇힌 상태에서 생존을 위해 사용하기 시작한 것이다. 이제 그는 아버지에게 매달리고 타인의 마음을 읽을 줄도, 배려할 줄도 모르던 철없는 요셉이 아니다. 타인의 꿈을 듣고 공감하고 풀이해주는 지혜로운 능력을 발휘하는 독립한 아들이다.

고난 중에서도 하나님을 신뢰하며 자신을 찾아갈 수 있는 내적 힘은 어디서 나온 것일까? 나락에 떨어진 그의 마음 한편에서 피어오르는 한 줄기의 기억이 있었다. 그것은 나의 헛발질에도 박수를 쳐주던 아버지의 모습이었다. 내 어깨를 감싸며 나를 자랑스러워하던 아버지. 어디선가 나를 따뜻하게 지켜보고 있을 아버지.

나의 거인, 나의 산, 나의 우주였던 아버지. 그 아버지가 지금은 보이지 않지만 마음 깊은 곳에 함께 있다. 끝 간 데 없는 어둠의 중심에서 아버지는 포기하지 않도록 돕는 길이요, 등불이다.

그는 아버지에게 받았던 좋은 내적 경험들을 살려 세상의 충격을 완화시킨다. 그리고 자신의 생존을 위해 자기 안에 잠재되어 있던 자원들을 끌어올린다. 이 자각은 아버지가 퍼부어주었던 무조건적인 인정에서 온 것이 아니다. 삶의 현장에서 구르고 부딪히며 결과를 확인하는 자기 경험에서 나온 것이다. 자신의 가능성을 막연한 상태로 남겨놓은 것이 아니라 그림자를 빛으로 끌어내어 의식으로 확장시키기 시작했다. 이렇듯 극복이란 비천함과 고통을 견뎌가는 것만으로는 충분치 않다.

요셉이 바로에게 대답하여 이르되 내가 아니라 하나님께서 바로에게 편안한 대답을 하시리이다(창세기 41장 16절).

요셉은 자신의 생명을 쥐고 있던 바로의 꿈을 지혜롭게 해석하고 자유를 얻는다. 그리고 이집트를 다스리는 통수권까지 얻게 된 그 순간, "내가 아니라 하나님께서 하신다"라고 말한다. 이는 하나님 앞에 무릎을 꿇어 자신의 한계를 인정한 낮은 자의 고백이다. 이 겸손한 고백이야말로 그가 해방되는 절정의 순간을 더욱 빛나게 하지 않는가! 하늘의 별과 달이 내게 무릎 꿇기 전에 내가 먼저 그분 앞에 무릎 꿇음으로써 아버지의 힘과 권위는 비로소 진정한 그의 것이 되었다. 넘치는 부성은 독이 되기도 하고 약이 되기도 했다. 미성숙한 자기애로 인해 형제에게 버림받았지만, 정체성 상실의 위기에서도 가슴 깊이 각인된 아버지의 인정과 사랑은 꿈을 이루게 하는 놀라운 자원이 되었다. 우주와 세상, 가족조차 자기 앞에 절을 했던 거대한 꿈, 자기애적 꿈은 고난으로 이리저리 다듬어졌고 그렇게 성숙해진 요셉의 인격을 통해 현실에서 실현되었다.

요셉은 고난 중에도 하나님을 무한히 신뢰했다. 이는 그가 아버지와 맺었던 신뢰 어린 관계로 인한 것이었다. 부성은 하나님에 대한 믿음으로 이어졌다. 우리가 누군가와 맺은 관계의 질은 절대자와 맺는 관계로 전이된다. 이성적으로 생각하자면 보이지 않는 존재를 믿는다는 일이 과연 가능한가? 프로이트는 이 놀라운 기적을 현실에 적응하지 못한 개인이 환상 속에서 대리만족하는 것이라고 비난했다. 그러나 이후의 많은 학자들은 신앙적인 태도에는 개인이 어린 시절 부모와 나눈 관계경험이 그대로 투사된다고 말했다. 보이지 않는 초월적 존재를 신뢰한다는 것은 연약한 아동의 자아를 지지하고 지원하는 것과 같은 특별한 경험이다. 연인이 아무리 사랑한다고 말해도 그의 사랑을 믿을 수 없어 불안하다면, "하나님은 사랑이라"는 말씀을 들어도 늘 처벌하는 분으로 느껴진다면, 부모나 연인 및 공동체 속에서 관계경험이 믿음직하지 못했기 때문이다. 우리는 스스로 경험한 한계 속에서 텍스트를 해석하고 이해할 수밖에 없는 존재가 아닌가.

아버지의 인정과 칭찬을 통해 자란 아들은 그 자원들을 활용하되 영원히 아들로만 존재하지 않기 위해 독립한 개인이 되어야 한다. 이런 아들의 발달과제는 영웅의 전형적 서사에서 잘 드러난다. 노이만은 영웅 신화에서 영웅들이 부모에게 버려지는 이유는 갓 태어난 아들의 의식이 부모에게 종속되지 않음을 보여주기 위함이라고 말했다. 인생의 가장 밑바닥에서 아버지와의 동일시에서 벗어나 개별적 자아를 획득해가는 요셉의 여정은 이 땅의 아들들에게 커다란 영감을 준다. 아들은 권력과 힘, 부성을 평생 갈망한다. 하지만 아버지의 사랑을 받아들이고 세상에 대한 면역으로 승화시키는 일, 아버지와의 좋은 애착good attachment을 하나님과의 건강한 애착으로 발전시키며 형제애를 배워가는 성장의 여정은 오롯이 아들의 몫이다. 요셉이 그랬듯이 인생과 부딪쳐 체험해가는 일은 누구도 대신해줄 수 없는, 아들 스스로 뚫고 가야 할 과제다.

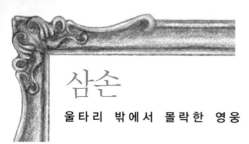

삼손

울타리 밖에서 몰락한 영웅

세속적인 나실인

여성은 어떤 남자를 좋아할까? 대부분의 여성은 친절하고 배려심이 많은 남자라고 말한다. 정말 그렇다. 나만 바라보는 해바라기 같은 남자, 커피 광고의 원빈처럼 부드럽고 따뜻한 남자, '훈남'이 사랑받는 시대다. 그런데 이런 고백과는 달리 젊은 여성은 소위 '나쁜 남자'에게 끌리는 경우가 많다. 이상과 현실이 다른 이상한 현상이다. 머리와 가슴이 따로 움직이는데 그야말로 속수무책이다. 적극적이었다가 어느 순간 무심해져 여성의 심장을 죄어들게 하는 남자. 묵직하게 툭 던지는 한마디 말로 여성의 두 뺨을 붉게 물들이는 남자, 타인의 시선일랑 아랑곳없이 손목을 잡아끌고 가는 남자. 이렇듯 저돌적이면서도 조금은 차가운 남자에게 여성들은 헤어 나올 수 없는 매력을 느끼곤 한다.

여성들은 거친 남성적인 매력과 동시에 부드러운 여성적인 매력이 공존하는 남자를 선호하지만 수렵시대의 남성에 대한 향수는 여전한 듯하다. 그 시대 남자들은 짐승을 맨손으로 잡았고 노획물을 걸머지고 돌아와 가족을 먹였다. 남성의 힘이 생존을 위한 절대적인 수단이었으니 당연지사 육체적 힘이 중시되었다. 가부장제가 확립된 후 힘을 지닌 남성은 승격한 반면 여성은 사랑과 보살핌을 기대하는 의존적 존재로 절하되었다. 마초문화는 남성 우월주의라는 사회적 특성을 기반으로 이루어졌는데 교육받은 여성들이 늘어나면서 이제는 건강하지 못하며 불평등한 것으로 인식되기 시작했다.

삼손은 블레셋의 지배를 받던 시대에 이스라엘의 구원이라는 사명을 가지고 태어난 나실인이었다. 나실인은 거룩하게 성별되어 하나님께 바쳐진 사람이라는 뜻이다. 아이를 낳지 못하던 여인 마노아는 어느 날 주의 천사에게 수태하리라는 계시를 받는다. 천사는 장차 태어날 아이가 평생 나실인, 즉 이스라엘의 선지자로 살리라고 했다. 이처럼 삼손은 부모의 결정으로 드려진 아이가 아니라 하나님께서 친히 나실인으로 부르신 사람이었다. 부름받은 그에게 특별한 금기들이 명해졌다. 포도주와 독주를 입에 대지 말고, 부정한 것을 먹지 말며, 삭도를 머리에 대지 말라는 명령이었다.

그가 내게 이르기를 보라 네가 임신하여 아들을 낳으리니 이제 포도주와 독주를 마시지 말며 어떤 부정한 것도 먹지 말라. 이 아이는 태에서부터 그가 죽는 날까지 하나님께 바쳐진 나실인이 됨이라 하더이다 하니라(사사기 13장 7절).

그러나 삼손의 생활은 금기와 거리가 멀었다. 거룩하고 단정하고 비세속적인 모습은 찾을 길이 없었다. 사사들은 왕권을 대신할 강력한 지도력을 발휘해야 할 자리였기에, 사사였던 삼손은 나실인임에도 이방인과 전쟁을 해야 했다. 이스라엘 최고의 장수였던 그에게 여자와 술이 끊이지 않았다. 삼손은 사람뿐만 아니라 사자 같은 맹수와도 싸웠다. 그의 가공할 만한 힘은 블레셋인들에게 두려움을 일으켰다. 게다가 성적 매력으로 수많은 여자를 사로잡았으니, 신화적 영웅의 면모는 다 갖춘 듯하다(가부장제에서의 영웅은 마초적 이미지로 그려진다).

그의 이야기는 느닷없는 사건사고의 연속이다. 길 위에서 사자를 때려죽이고, 자기 여자를 찾으러 갔다가 화가 나서 낙타 뼈로 사람들을 몰살시킨다. 뒤통수를 친 자들에게 수수께끼를 내서 골려주다가 크게 싸우기도 한다. 물론 하나님으로부터 나온 일이지만 외형적으로 나타난 그의 행동은 마치 성인 ADHD(주의력 결핍, 충동조절 장애)처럼 보인다(충동적인 한편 신앙적 열정은 대단하다). 행동은 곧 성격이 아닌가. 하나님은 그런 삼손의 성격을 그대로 사용하신다. 그의 에너지는 집단에 역동을 일으키고 불안에 떠는 사람들을 강하게 이끌어가는 잠재적 힘이었다. 그의 성격에 맞추어 여호와의 영 역시 '갑자기' 임하신다.

> 블레셋 사람들이 그에게로 마주 나가며 소리 지를 때 여호와의 영이 삼손에게 갑자기 임하시매 … 삼손이 나귀의 새 턱뼈를 보고 손을 내밀어 집어들고 그것으로 천 명을 죽이고(사사기 15장 14-15절).

나는 20대 초반에 하나님을 인격적으로 처음 만났다. 당시의 나는 삼손처럼 뜨거웠다. '하나님이 정말 살아 계시구나. 세상에 이런 체험이 있구나!'라는 경이로움의 연속이었다. 내 안에 잠재된 삼손의 뜨거움을 점화시키지 못한 채 무념하게 살아가던 중 하나님과 만난 이후 삶에 대한 열망이 타오르기 시작했다. 나는 열정을 다해 청년의 때를 보냈다. 20대는 그런 나이다. 넘치는 호르몬을 쏟을 그 무언가를 찾는다. 한번 사로잡히면 활화산처럼 타오른다. 그래서 20대에 가장 뜨겁게 사랑한다.

그런데 열정에 지혜가 부족하면 편견과 강요, 아집의 함정에 빠진다. 나의 경우, 신앙이라는 새로운 가치를 받아들이는 한편 동시에 그 외의 모든 것을 다 낮추어보고 말았다. 술과 담배를 극단적으로 평가하거나, 타인의 행동을 이해하기보다 정답을 정해두고 판단했다. 그래서 의도치 않게 사랑하는 이들에게 상처를 주었으니… 허나 어찌하랴. 미숙한 자여, 그대 이름은 청년인 것을. 그런데 삼손은 인간의 한계를 뛰어넘는 육체적 힘을 가지고 있었다. 열정에 초월적인 힘이 가세한 그는 '전형적 마초'로 등극한다. 그

러한 마초적 모습은 위축된 남성들의 열등함을 보상해주는 이상
향이 되어준다.

마초가 되고 싶었던 소년

오래 전, 치료실에서 정신분열증 초기 증상을 보이던 10대 소년
을 만났다. 왜소한 체격에 소녀처럼 붉은 입술, 안경을 쓴 섬세한
모습이었다. 유난히 낯빛이 하얀 그 소년을 처음 보았을 때 보호
해주고픈 강한 연민을 느꼈다. 알고 보니 그 아이는 왕따와 집단
폭행을 당해왔다. 아버지는 도박 중독이었고 어머니는 태어난 이
후 언제나 아이의 존재 자체를 부정해왔다. 소년은 어딜 가나 환
영받지 못하는 아이였다.

　아이는 사상의학에 관심이 많았다. 태음, 태양, 소음, 소양 체질
이 어떤 특징을 가지고 있는지 공부해서 매 시간마다 열심히 설명
했다. 나는 소년이 왜 그렇게 사상의학에 집중하는지 이해할 수
있었다. 사상의학을 통해 타고난 육체의 빈약함을 알려는 노력이
었다. 더불어 힘의 한계를 뛰어넘어 자신을 폭행하고 왕따시킨 친
구들에게 되갚아주려는 동기이기도 했다. 소년은 매일 뒷산에 올
라 운동을 한다고 했다. 그리고 어느 날, 어깨가 넓은 사자머리의
반인반수 그림을 그렸다. "나는 언젠가 반드시 삼손이 될 거예요.
내가 삼손이 되어 그 녀석들한테 엄청난 힘을 보여줄 거예요."

소년은 삼손이 죽음 직전, 신전 기둥을 무너뜨려 블레셋 사람들을 몰살시킨 장면에 흥분했다. 삼손이 했던 바로 그 복수를 원했다. 하지만 소년은 여러 가지 이유로 운동을 지속하지 못했다. 정말 안타까운 것은 '삼손처럼'이 아니라 '삼손'이 될 수 있다고 믿는, 즉 현실을 왜곡할 정도로 정신을 분열하게 만든 소년의 고통이었다. 소년에게 하나님은 무자비하고 잔인한 존재였다. 물을 마실 때조차 "하나님의 뜻일까"라고 물었다. 그림을 그릴 때 선을 하나 그으면서도 "이렇게 그리는 게 하나님의 뜻이 아니면 어떡하죠?"라고 물었다. 이렇게 소년은 시시각각 박해불안과 강박에 시달리고 있었다.

고통스럽게 마초가 되기를 꿈꾸던 소년을 생각하니 삼손처럼 풍운아로 살다가 비참한 최후를 맞이했던 어느 화가가 떠오른다. 17세기를 대표하는 이탈리아 화가 카라바조(Caravaggio, 1571-1610)다. 그는 일찍 아버지를 여의고 가난하게 자랐다. 얼마 후에 어머니까지 세상을 떠나자 말할 수 없이 궁핍한 처지에 놓였다. 개성이 넘치는 그의 그림은 당시 매너리즘에 빠진 종교화에 새바람을 일으켰다. 그는 땅의 시선, 인간의 시선으로 성경을 재해석했다. 카라바조 작품의 특징인 극명한 명암대조는 그림을 연극의 한 장면처럼 생동감이 넘치도록 만든다. 그는 눈부신 성공을 거두었으나 정규 교육을 받지 못했다고 비난받기도 했고, 지나치게 사실적이고 파격적인 주제들로 인해 논란을 일으키기도 했다. 카라

카라바조, 〈골리앗의 머리를 든 다윗〉
1610년, 캔버스에 유채, 125×101cm, 보르게세 미술관, 로마, 이탈리아

바조는 무명 시절에 충동적이고 폭력적인 행동으로 수차례 감옥에 갇혔다. 성공한 후에도 폭력과 빚, 알코올을 전전하며 살아간다. 그러던 어느 날, 사소한 시비 끝에 살인을 저지르고 사형을 선고받는다. 그간 부유한 후원자들의 도움으로 감옥에서 풀려났지만 이번에는 방법이 없었다. 그는 현상금이 걸린 채 로마에서 도망쳐 나왔다. 〈골리앗의 머리를 든 다윗〉은 도망자의 처지로 이곳저곳을 전전하던 시절에 그린 그림이다. 폭력적 삶을 반영하는 듯 그의 그림에는 목을 베는 장면이 많다.

젊은 다윗이 나이 든 패배자인 골리앗의 목을 들고 있다. 그런데 승리자인 다윗의 얼굴이 밝지 않다. 오히려 안타까운 심정으로 골리앗의 머리를 보는 듯하다. 카라바조는 왜 다윗의 얼굴에 그림자를 드리웠을까. 미술사가들은 골리앗의 얼굴을 카라바조 자신의 얼굴이라고 보았다. 살인자인 자신을 골리앗과 동일시하여 그를 바라보며 참회하고 있다는 것이다. 그런 면에서 그림 속의 다윗은 타인을 동정하는 자아이면서 한편으로 본능적인 이드id에 휩쓸렸던 스스로를 후회하며 바라보고 있는 또 다른 자신이라고 볼 수 있다.

심리적 울타리

자아ego는 우리 안의 본능적 이드를 제어하고 조절하는데, 자아의 강도가 약하면 이드에 쉽게 사로잡히기 때문에 사회에 적응하기 힘들다. 이드의 공격성은 사회에 적응하는 에너지로 점차 다듬어져서 타인과의 타협과 조절을 통해 자기주장과 성취로 승화된다. 이 과정에서 울타리boundary가 필요하다. 가장 근원적인 울타리는 어머니의 품인데 어머니가 아이를 안전하게 안아주면 아이의 타고난 죽음불안이 달래진다. 더불어 친밀한 스킨십을 나누면 피부가 자극되어 몸의 감각이 생생해지고 몸의 안팎을 구분하게 된다. 아이가 성장하면서 울타리는 가정과 사회에서 요구하는 금기와 법으로 새롭게 확장된다. 든든한 울타리 안에서 자아는 '사회화'라는 성취를 이룬다. "여기까지. 더 이상은 안 돼"라고 적절한 제한을 주는 부모의 울타리는 사회에 적응하는 데 필요한 기능을 한다. 부모에게 인정받고 지지받되 자기 힘의 한계를 분명하게 배움으로써 욕망을 절제하고 다스리는 법을 체득하기 때문이다. 이렇듯 개인의 발달단계에 따라 그에 맞는 울타리가 필요하다.

삼손의 울타리는 어떠했는가? 성장과정에서 그는 어떻게 심리적인 울타리를 형성했을까? 유아나 아동기 때 아이는 부모의 권위에 쉽게 순종하지만 청소년기부터는 반항하기 시작한다. 청소년기에는 호르몬 분비로 공격성은 높아지는데 뇌 발달이 덜 이루어져 충동적이다. 한편 몸집은 성인과 비슷한 수준이다. 뇌는 어린데 몸은 성인이니 아이들 스스로도 자신이 아이인지 어른인지 혼돈스럽다. 부모 역시 자기보다 훌쩍 커버린 자녀를 보면서 어떻게 다루어야 할지 당혹스럽다. 아이는 어른이 된 듯한 착각에 빠지고 자신을 가르치려 하는 어른들을 무시하기 시작한다. 그래서 청소년기를 '정체성 혼돈'의 시기라고 한다. 오죽하면 "청소년기 자녀를 키워보지 않고는 인생을 논하지 말라"는 우스갯소리가 있을까. 아동기 때처럼 청소년기 자녀를 대하면 안 된다는 생각으로 부모는 많은 자유를 허용해주기도 한다. 자녀와 소통하려고 친구처럼 역할을 바꾸어보기도 한다. 하지만 이때 부모는 유연성을 지니되 "다 자랐으니까" 하며 무제한의 자유를 허용해서는 안 된다. 자유와 함께 건강한 권위로 자녀에게 심리적 울타리를 세워주어야 한다.

하지만 삼손이 청소년이었을 당시 그의 부모는 이런 단호한 울타리를 세워주기가 쉽지 않았을 것이다. 괴력을 지닌 이 특별한 아이를 제어하기란 만만치 않은 과제였을 법하다. 물론 삼손은 부모에 대한 예의를 아는 아들이었다. 자기가 잡은 사자의 몸에서 나온 꿀을 제일 먼저 부모에게 갖다드렸고, 자기 비밀을 누설한 블레셋 사람에게 화가 났을 때도 부모에게 달려갔다. 이를 보면 삼손이 어린 시절에 부모가 그에게 적절한 권위를 행사했고 그 역시 순종하는 법을 배웠음을 알 수 있다. 그러나 10대로 접어들면서 부모는 폭발하는 남성 호르몬에 타고난 육체적 힘이 더해진 아들이 버거웠을 것이다. 유한한 인간이 하나님께서 주신 울타리를 확인하는 방법은 오직 '경험'뿐이다. 우리는 가정과 사회를 둘러 싼 수많은 울타리를 온몸으로 부딪쳐 경험하면서 하나님의 울타리를 내면화한다. 어린 시절에 부모에게 방임되거나 폭력에 노출되거나 적절한 권위가 부족할 경우, 울타리 형성에 실패할 수 있다. 삼손은 평생을 나실인으로 살라는 하나님의 명령을 거스르고 성인이 된 후에도 술과 여자를 포기하지 않는다. 하나님이 주신 가장 큰 울타리, '평생 동안 네 머리에 삭도를 대지 말라'는 명령만 겨우 지키고 있었으니, 울타리 안에서 최소한의 책임을 붙들고 있을 뿐이었다.

울타리의 부재는 청년이 된 삼손의 인생 전반에 영향을 미치게 된다. 먼저 주변 사람들과의 단절이다. 여호수아, 기드온, 드보라, 사무엘 등 사사들은 선두에 서되 사람들과 함께 싸운다. 사람들을 독려하고 지지하는 돌봄의 리더십을 사용하기도 하고, 반대로 마땅치 않은 자에게는 훈계를 주거나 벌을 내리면서 울타리를 견고하게 한다. 이 안전한 울타리 안에서 유대 민족은 강하게 응집한다. 자신의 한계를 수용하면 타인에게 관심을 갖게 되고 나의 빈틈을 타인과의 상호작용을 통해 채우려고 한다. 그래서 타인과의 소통은 개인의 욕망과 가치를 실현하는 데 있어 중요한 의미를 지닌다.

그러나 삼손은 혼자서만 일한다. 혼자 능력을 받아 혼자 뛰고 혼자 해치운다. 심지어는 여호와의 신에게 영감을 받아 블레셋을

치는 전략을 수행할 때도 누구와도 의논하지 않는다. 이는 공존의 리더십이 아니다. 리더가 되려면 그들의 언어로 공동의 목표를 나눌 수 있어야 한다. 타인의 마음을 읽고 이해할 수 있도록 소통해야 한다. 무엇보다도 타인의 도움이 필요하다는 절실한 욕구가 있어야 한다. 하지만 삼손은 독불장군이다. 혼자 수백 명을 때려눕히니 타인을 의지할 이유가 없다. 해야겠다고 마음 먹으면 바로 달려가서 적진을 무너뜨린다. 스스로를 통제하면서 상대방의 마음을 헤아리고 공생하도록 이끌어가는 사회적 뇌의 부족, 이것은 삼손의 무능이었다.

또한 그는 하나님과의 관계에 제한을 둔다. 타인과의 단절은 영적 생활에도 그대로 적용된다. 사사시대는 여호수아가 죽은 후 지파간에 불화가 그칠 날이 없었다. 비극의 시대에 사람들은 혼란을 잠재워줄 리더를 원했다. 백성들이 중앙집권적 통치와 강력한 힘을 갈망하던 그때, 삼손은 이를 위해 부름을 받았다. 민족을 이끄는 최고의 리더 사사에게 '힘'은 중요한 자원이었다. 그러나 이 힘을 생산적으로 발휘하기 위해서는 강력한 현실의 울타리가 필요했다. 원초적인 힘은 처음에 사람들의 시선을 끌고 가시적인 성과를 가져올 수 있지만 이것만이 전부는 아니었다. 나이가 들어감에 따라 원초적 힘을 담아 조절할 더욱 큰 울타리가 필요하기 때문이다. 그러나 삼손은 다른 사사들처럼 여호와께 기도하거나 질문하거나 고민하지 않는다. 기드온처럼 전쟁 전에 기도하며 불안을 대면하고 겸손히 연약함을 맡기지 않았다. 사무엘처럼 하나님이 부르실 때 홀로 성소에 나아가 "주여, 제가 여기 있나이다"라며 그분의 음성을 듣고자 하지 않았다. 그는 하나님을 알고 섬겼지만 영적으로 나태했고 주먹을 휘두르며 충동적이었다. 사사로 있는 20년 동안 이 과제를 해결하지 못했다. 물론 여호와의 영감에 사로잡히고 선으로 악을 이기려는 정의는 충만했으나 그 또한 충동적이었다. 삼손 내면의 불씨로서의 하나님의 영감은 인격으로 흡수되지 못하고 뜨겁게 타올랐다가 일순 사라진다. 사사로 지내는 동안 그는 성숙한 책임감을 배우지 못했고, 타인과 소통하는 사회적 뇌를 발달시키지 못했으며, 깊은 기도에 이르지 못했다. 치명적인 정신의 불균형이다. 그의 에너지는 그의 동료들에게까지 뻗어나가 공감과 소통이라는 사회적 에너지로 다듬어져야 했다.

심리적 울타리가 헐거우면 충동적이고 무절제해진다. 심지어는 잔인해지기도 한다. 지나치게 사랑만 준다면 아이는 타인을 배려할 줄 모르고 자기감정과 욕구를 다스리지 못해 본능에만 사로잡힌다. 결국 그는 자기의 육체에만 의존하다가 자기 힘에 자기가 넘어져 주저앉고 만다. 그는 동족을 뒷전에 둔 채 블레셋의 기생 들릴라에게 빠진다. 미숙한 사회적 뇌, 부실한 영성은 이성과의 사랑에서도 약점을 드러낸다. 그의 사랑은 성적이고 감각적인 수준에 머물렀다. 쾌락에 빠진 그는 머리에 삭도를 대면 자신의 힘이 사라진다는 최후의 비밀을 그녀에게 털어놓는다.

영웅의 과제를 마치다

삼손의 실패를 지켜보며 그렇게 살면 안 되겠다고 다짐할 수도 있겠다. 그러나 삼손의 이야기에는 그런 소극적 메시지보다 더 강력한 적극적 메시지가 있다. 영웅은 성장을 방해하는 나약함, 게으름, 고집 같은 부정적 감정과 싸우는 존재다. 그래서 우리는 자라면서 영웅과 자신을 동일시한다. 이런 동일시는 성장과정에서만 경험하는 현상으로 누구나 피해갈 수 없는 인생의 과제이기도 하다.

노이만은 삼손이 패배했지만 그가 영원히 영웅으로 남았다는 사실을 중요하게 보았다. 삼손의 실패는 발달의 여러 가지 형식 중에 한 과정을 보여준다. 젊은이들은 영웅과 자신을 동일시하며 "나 정말 대단하지?"라는 식으로 자아가 과대하게 팽창하는 경험을 한다. 이는 부모와 구별된 개별적 존재, 독립된 존재로 가기 위한 과정에서 거치는 현상이다. 그러나 온 세상에 으스대며 영웅원형에 취해 있다 보면 결국 제 발등을 찍게 된다. 그토록 잘났던 내가 실패하여 끝 모를 나락에 빠진다. 그런데 이 우울조차도 다음 단계로 나아가기 위한 필연적 현상이다.

그래서 삼손은 패배했음에도 여전히 영웅으로 남는다. 남성성의 발달은 삼손의 최후와 함께 끝난 것이 아니라 이후의 또 다른 과정이 기다리고 있기 때문이다. 노이만은 삼손이 견디고 반성하는 자아를 형성해야 하는 영웅적 단계에서 눈이 멀고 수치와 모욕을 당했다는 사실에 주목한다. 고난은 정체된 자아를 흔들어 패배를 인정하는 영웅의 과정이며, 그 속에서 개인은 자기 삶의 영웅이 되어 시험을 극복하고 더 높은 단계로 나아간다고 했다.

욕망에 거리를 두는 성찰, 욕망에 이름을 붙여보는 용기, 타자들과 더불어 살아가는 태도, 하루하루 시간을 끌어안는 인내, 하나님의 음성을 듣는 것, 밖으로 드러내기를 멈추고 안으로 끌어안는 태도… 이런 모습으로 살아가고자 애쓰며 일정한 시간을 보내면 팽창된 판타지와 설익은 충동은 삭고 자아는 성숙해진다. 열정을 길들이고 익히기 위해서는 그것을 담을 그릇이 필요하다. 흥미로운 점은 영웅이 되는 과정에서 성숙해진 개인에게는 더 이상 영웅의 면모를 찾아볼 수 없다는 사실이다. 이제 영웅의 단계를 마친 그는 현실에서 타인과 더불어 살아가는 사람이 된다. 융은 성숙한 개인은 지극히 평범하게 보일 수 있다고 했다. 성숙한 개인은 현실에 발을 딛고 서서 있는 그대로의 자신을 수용하며 타인과 더불어 평범하게 살아간다.

카라바조의 마지막 모습이 삼손의 최후와 닮아 애잔하다. 도망자 신세가 된 그는 사면받기 위해 다시 로마로 향하던 중에 39세의 젊은 나이로 병사하고 만다. 카라바조는 이미 사면을 받은 상태였지만 서글프게도 그 사실을 알지 못한 채 죽음의 불안과 후회로 몸부림치다가 세상과 작별한다. 역사는 수많은 영웅의 실패와 죽음을 통해 이루어졌다. 그러니 잠시 젊은 영웅의 죽음을 애도하는 건 어떨까. 그는 멀리 해야 할 인생의 반면교사가 아니라 언젠가 내가 두고 온 자화상인지도 모른다.

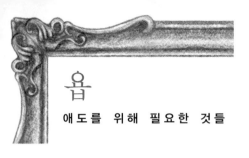

욥

애도를 위해 필요한 것들

어떤 위로도 닿을 수 없는 고통

당신에게 세상에서 가장 두려운 일은 무엇인가? 파산, 해고, 병, 왕따, 죽음, 이별… 모두 외면하고 싶은 불청객이다. 이 반갑지 않은 손님은 아무리 거부해도 불현듯 우리를 찾아온다. 하여 우리는 고통을 인생의 한 부분으로 끌어안고 사는 법을 배우게 된다. 하나둘씩 늘어나는 주름이 두렵기도 하지만 고통에 대한 면역력이 생기는 것을 보며 노화에는 그만한 대가가 있구나,라는 생각을 하게 된다.

사춘기 시절, 문득 열다섯 살이 된 것에 소스라치게 놀랐고, 스물다섯 살이 되었을 때는 '꺾어진 오십'이라며 울적해했다. 서른 즈음에는 더 이상 20대가 아님을 슬퍼했다. 30대 중반이 되자 "에이, 어차피 늙어질 몸, 차라리 지금 이 순간을 즐겁게 보내자"라고 머리를 식혀보았다(다행히 나이 들어가는 것에 대해 큰 저항은 없었다). 젊은 날에는 고통을 모르기 때문에 '최초의 고통'에 몸과 영혼이 쉽게 타격을 받는다. 자기만의 관점이 없는 까닭이다. 이 일을 어떻게 바라봐야 할지 모를 때 혼란과 스트레스는 가중된다. 물론 젊기 때문에 더 많은 가능성이 열려 있고 새로운 미래에 자신을 던지며 갈 길을 모색한다. 그렇다면 나이가 들어 불미한 사건들이 일어난다면 어떨까? 나이가 든다고 해서 고통이 덜해지는 건 아니다. 여전히 아픈 건 아프다. 하지만 고통을 바라보는 성숙한 시선이 있다면 그 관점과 이해가 고통으로부터 나를 보호하는 완충제 역할을 한다.

그러나 어떤 위로도 닿을 수 없는 고통이라면? 존재의 근간을 뒤흔들 정도로 강력한 고통이라면? 이런 고통 앞에서 일상의 내 모습은 사라지고 지극히 원시적인 자신만 남는다. 나를 잃는 것이다.

여기 더 이상 갈 곳 없는 나락에 빠져 고통받은 사람들을 담은 그림이 있다. 〈메두사호의 뗏목〉은 당시 실제로 일어났던 재난을 소재로 한 독특한 그림이다. 1816년 7월 2일, 세네갈을 식민지 삼기 위해 프랑스를 떠났던 메두사호가 아프리카 해안에서 침몰했다. 실력 없는 선장의 미숙한 지휘로 벌어진 사태였는데, 당시 선장과 선원들은 자기들만 살겠다고 승객을 놔둔 채 도망가버렸고 남겨진 150명의 승객은 뗏목에 매달린 채 적도에서 10여 일간을 표류했다. 그들은 물도 식량도 없이 광기 어린 사투를 벌이다 끝내 식인까지 저지르고 말았다. 구조 당시 불과 15명만이 살아남

테오도르 제리코, 〈메두사호의 뗏목〉

1819년, 캔버스에 유채, 491×716cm, 루브르 박물관, 파리, 프랑스았고, 이 중 5명은 구조 즉시 숨을 거두었다고 하는데 프랑스 정부는 이를 숨기기에 급급했다.

그림 속 생존자들이 지나가는 배에게 필사적으로 구조신호를 보내고 있다. 배를 향해 간절히 팔을 흔드는 무리들이다. 한쪽에는 시체가 뒹굴고, 그 옆에는 탈진한 채 죽음에 임박한 사람들이 보인다. 뗏목이라는 같은 공간에서 구원이 찾아오는 순간, 생사의 기로에서 희망과 절망, 환호와 슬픔, 절규와 침묵으로 나뉜 온갖 군상이 극적으로 묘사된다. 제리코(Théodore Géricault, 1791-1824)는 그림을 그리기 위해 직접 뗏목을 저어보기도 했고, 생존자들을 찾아다니며 표류과정을 들었다고 한다. 이전의 고전주의가 질서, 냉정, 이상, 기품, 형식을 중요시했다면 낭만주의는 인간의 생생한 감정을 강조했다. 낭만주의 화가 제리코는 우리 안의 야만성을 직시할 때 인생의 본질을 발견할 수 있다고 믿었다. 그렇다. 삶과 죽음을 어찌 이성과 논리로 말할 수 있을까? 삶을 송두리째 덮치는 고난 앞에서 끝까지 냉철할 수 있는 사람이 있을까?

갑작스러운 사고로 사랑하는 가족을 연달아 잃었던 여성이 있었다. 그녀는 갑자기 찾아온 이 불행에 숨쉬기조차 힘들 만큼 고통스러워했다. 하지만 사람들은 그녀가 속히 일상으로 돌아오기를 바랐다. 그들의 기대는 오히려 그녀를 힘겹게 했다. 그녀의 마음은 점점 싸늘해져갔지만, 그럼에도 주변 사람들에 대한 고마움을 잊지 않으려 안간힘을 썼다. 그러던 어느 날, 그녀는 참았던 독설을 쏟아내기 시작했다.

"날보고 기도해달라는데 기도하기 싫었어요. 내가 왜 해야 하죠? 만약 저 사람의 병이 낫는다면 난 질투가 나서 미칠 거예요. 내 기도는 안 들어주면서 저 사람 기도는 듣는구나, 하고요."

그녀의 얼굴에는 냉기가 가득했다.

평소의 그녀는 그런 사람이 아니었다. 명랑하고 따스하고 같이 있으면 친밀한 느낌을 주는 매력 있는 여성이었다. 침묵 끝에 나는 말했다.

"신이 있다면 '나한테 이런 고통을 주었으니 신이 나한테 미안해야 한다'고 얘기하고 싶나요?"

화석처럼 굳어 있던 그녀의 얼굴이 순간 흔들렸다. 그리고 눈물이 툭 떨어졌다.

"그래요. 신이 있다면, 정말 신이 있다면 나한테 미안하다고 해야 돼요. 나를 이렇게 외롭게 만들고, 이렇게 고통을 준 거, 미안하다고 해야 해요."

고통의 밑바닥에서 신음하는 그녀에게 무엇이 필요할까? 어찌해야 그녀의 심장에 다시 더운 피가 돌게 할 수 있을까? 하나님이 살아 계신지, 왜 이런 고난을 주었는지 생각해보라는 말은 너무 아픈 그녀에게 다 부질없다. 몸이 아프면 일상생활을 하기 어렵듯이 고통 속에서 자아도 퇴행한다. 견디는 것만이 최선일 때가 있다. 온 힘을 다해 견디는 그녀에게 이편이 더 나을 테니 한번 해보

라고 한다면 오히려 짐을 하나 더 얹는 격이다. 그저 그녀의 아픔
에 동참하면서 표현하지 못한 마음을 읽어주면 된다. 분노는 분노
대로, 미움은 미움대로, 원망은 원망대로, 물 흐르듯 그렇게. 하나
님을 향해 입을 다물기보다 차라리 감정을 토해내는 편이 낫다.
아닌 척하는 것은 뜨거운 갈망조차 싸늘하게 식히는 악성 반응일
뿐이다. 성경에 나오는 인물들은 어떤 식으로든 고통과 연결되어
있다. 아담의 원죄로 시작된 삶과 죽음은 나눌 수 없는 샴쌍둥이
와 같다. 성경에서 고통의 끝을 보여주는 인물이라면 바로 욥이
아닐까. 자식과 아내, 재산, 명예와 덕망, 천하를 가졌던 이가 어
느 날 갑자기, 한꺼번에 전부를 잃는 극한의 박탈과 상실을 겪는
다. 욥은 성경 인물 중 갈등에 처한 심리를 가장 구체적으로 드러
낸 인물이다.

공감 없는 정답

욥은 하나님이 기뻐하시는 선한 사람이었다. 성경은 그가 "온전
하고 정직하여 하나님을 경외하며 악에서 떠난 자"라고 말한다.
게다가 욥은 "일곱 명의 아들과 세 명의 딸, 양 칠천 마리, 낙타
삼천 마리, 소와 암나귀가 오백 마리, 종도 많았고 동방 사람 중
에 가장 훌륭한 자"였다. 그야말로 성품도 훌륭하고, 부귀영화까
지 누리는 복 있는 사람이었다. 오죽하면 하나님께서 사탄에게

욥을 자랑하셨을까. 사탄은 제 아무리 욥이라 해도 고난을 주면 하나님을 배신할 거라고 변죽을 울린다. 시기심에 좋은 것들을 망쳐버리려는 사탄의 본성이 그대로 드러나는 대목이다. 하나님은 욥에게 고난을 허락하셨고 결국 욥은 극한 시험대에 오른다. 인간의 한계를 가늠하게 될 치열하고 무시무시한 시험이었다. 고난은 욥이 준비할 틈을 주지 않고 한순간에 그를 강타한다.

그는 제일 먼저 물질을 잃었다. 그리고 종들을 잃었고 자식들까지 사고로 한꺼번에 잃는다. 마지막으로 지독한 욕창에 걸리자 사람들은 그를 외면했고 아내조차 도망가 버린다. 세상에 이럴 수가 있나. 처참한 소식을 들은 친구들이 하나둘씩 그를 찾아온다. 그리고 나락에 떨어진 친구를 부둥켜안고 7일 밤낮을 울부짖는다. 이렇듯 함께 고통을 나누는 모습을 보니 욥은 친구들과 깊은 우정을 나누고 있었음이 분명하다. 쉽게 잊히는 죽음이 있고 두고두고 가슴이 아픈 죽음이 있다. 그래서 애도의 크기는 사람마다 다르다. 그런데 친구들은 7일 밤낮 동안 침묵을 지킨다. 맨땅에 앉아 그저 통탄할 뿐 어느 누구도 먼저 입을 떼지 못한다.

그럴 때가 있다. 너무 참담한 일 앞에서 우리는 말을 잃는다. 가슴속의 울분을 쏟아내고 싶지만 입술이 얼어붙어 버린다. 말이 가지는 한계 때문이다. 인생에는 말로 담을 수 없는 경험들이 있다. 감정이 폭발할 때 언어라는 그릇은 그 고통을 버티지 못한다. 휘몰아치는 감정의 압박을 견디지 못하고 말은 산산조각이 나고 만다. 그래서 두서없는 말을 하고, 비탄과 침묵에 빠져 했던 말을 반복한다. 그렇게 말은 구조와 어휘를 잃고 산산이 흩어진다. 그래서 욥과 친구들은 몸으로 대화한다. 욥과 친구들은 차갑고 비정한 대지에 몸을 누인 채 고통스런 시간을 함께 버틴다. 언어의 한계에 부딪힌 그들은 말을 닫았다. 몸과 대지가 분노와 슬픔으로 날뛰는 감각들을 겨우 지탱하고 있을 뿐이다.

박완서의 《한 말씀만 하소서》는 아들을 교통사고로 잃은 작가의 상실의 경험을 담은 자전적 에세이다. 그녀는 아들을 잃고 고통에 몸부림치던 중 수도원으로 떠나 그곳에서 홀로 머물게 된다. 그녀는 말과 감정이 일치하지 않는 분열과 사람들과 소통하지 못하는 답답함, 두서없는 말로 인해 듣는 사람까지 배려해야 하는 마음의 무게로 괴로워했다. 격정을 있는 그대로 쏟아낼 수 있는 자기만의 안식처를 찾고 싶어서 수도원을 찾았다. 상실의 트라우마로 무력해진 자아는 스스로를 보호하기 위해 홀로 있음을 택한다. 자신의 슬픔에 집중하는 것이다. 슬픔으로 벌어진 심장의 틈새가 자생적으로 치유되는 시공간이다. 그래서 침묵은 위기지만, 동시에 슬픔을 건너는 애도의 과정이기도 하다.

외로운 침묵 끝에 드디어 욥이 말문을 연다. 그런데 그가 쏟아낸 말은 자신에 대한 저주였다. 욥과 친구는 이런 대화를 나눈다(고통 앞에 우리의 모습을 살펴보는 의미에서 생생한 현대어로 묘사해보았다).

욥_ 차라리 태어나지 말걸. 지금 이 고통을 받기 전에, 아예 태어나던 날에 하나님이 날 죽였더라면 이 아픔을 맛보지 않았을 텐데. 그래, 그때 죽었어야 했다네. 왜 살아서 이 고통을 당해야 하지? 나는 왜 그렇게 살겠다고 허겁지겁 엄마의 젖을 빨았을까. 내가 죽었어야 했어. 죽었어야 했어.

엘리바스_ 욥, 우리는 하나님 앞에서 아무것도 아니잖아? 다른 사람이 힘들 때는 자네가 그들을 훈계하고 이끌더니 정작 자네가 힘들 때 이게 무슨 꼴이야? 원망과 분노는 좋지 않아. 나라면 하나님께 더 기도할 거야. 기도하면 응답하시는 하나님이잖아. 아무 이유 없이 벌하실 리가 없어. 분명히 자네가 뭘 잘못한 게 있을 거야.

욥_ 아니야. 하나님은 너무 심하셨어. 나는 진심을 다해 주를 섬겼다고. 내 지난 일을 다 아시는 그분이 나에게 어떻게 이러실 수 있어!

빌닷_ 욥, 자식들이 죽은 건 말이야, 그 아이들이 자네가 모르는 죄를 지었기 때문일지도 몰라. 이럴 때 자네가 더 기도하면 하나님이 평안을 주실 테지만 계속 믿음 없이 행동하면 하나님은 자네를 버리실 거야.

욥_ 빌닷, 자네만 하나님을 아는 게 아니야. 나도 알아. 잘 안다고. 허나 이 기막힌 일을 내가 어떻게 받아들이란 말인가? 너무 잔인한 처사라고!

소발_ 지금 자네는 죄가 없다고 말하고 있나? 기가 막히군! 죄가 기억나지 않는다면 그건 하나님이 죄를 기억나지 않게 하신 은혜 덕분인 걸 알아야지. 자네는 하나님이 어떤 분인지 알기나 해? 자네가 해야 할 것은 회개야. 회개하면 좋으신 하나님께서 자네 고통을 값아주실 거야. 안 그러면 앞으로도 이렇게 죽는 게 낫다고 할 만큼 희망이 없을 거네.

욥 _ 야, 자네들 참 잘났네! 그런데 자네들만 잘난 줄 아는가? 내가 그것도 모를 것 같은가? 나도 다 안다네. 안다고! 그러니까 제발 그 입 좀 다물게. 내가 아파서 아프다고 하는데 왜 이리 나를 몰아붙이나? 당하더라도 내가 당할 테니 제발 조용히 좀 해!

소발 _ 아무래도 자네 죄가 큰 것 같네. 크다네. 자넨 잘난 척했고, 다른 사람의 어려움을 외면한 비정한 사람이야. 정신 차리고 지금이라도 회개하면 하나님이 자네를 용서하실 거네.

엘리후 _ 나는 형님이 더 시험받았으면 좋겠어요. 형님이 이렇게 교만하고 악한 사람이었다니. 정말 형님은 무식하기 짝이 없군요. 형님은 더 고난을 받아야 해요.

욥과 친구들은 열심히 말하고 있지만 서로의 가슴에 전혀 닿지 않는다. 왜 이런 일이 생겼을까? 친구들은 욥이 고통에 반응하며 보이는 퇴행을 견딜 수가 없기 때문이다. 그들은 오로지 규범과 도덕, 정의의 세계에 사는 욥만 인정한다. 비천하고 알 수 없으며 혼란스런 모습은 거부한다. 욥의 원시적인 말과 태도는 그들이 알던 친구 욥이 아니었다. 비난과 저주는 그들의 정의감에서 나온 말들이다. 그러나 그 정의에는 욥의 퇴행적 언어를 견뎌주는 실천적인 사랑이 없다. 이렇듯 이해가 없는 정의는 무자비하다.

그런데 절박한 상황 가운데 있는 욥을 보라. 이 무차별 난타에도 불구하고 욥은 쓰러지지 않는다. 재산과 명예, 가족과 건강까지 모두 잃은 그가 친구들 앞에서 주눅 들지 않는다. 비록 자기 비하에 빠져 살기보다 죽기를 갈망하지만, 자신의 선함과 진실함을 왜곡하고 그 판단을 강요하는 친구들 앞에서 버틴다. 입을 모아 비난하는 친구들 앞에서 고통을 표현하기를 멈추지 않는다. "애들아, 난 아파. 아프니까 아프다고 하는 거야."

욥은 몸의 감각을 생생히 열어 고통과 정면으로 마주한다. 아프지 않은 척, 영적으로 승화한 척, 초월한 척하지 않는다. 하나님 앞에 베인 생살을 고스란히 드러낸다. 욥이 토해내는 말을 가만히 보면 트라우마를 경험한 이의 전형적인 혼란이 그대로 담겨 있다. 자식을 잃은 아비의 비탄 어린 언어와 동시에 신앙인으로 품위와 이성을 지키려는 고상한 언어, 이 두 가지 언어와 그에 따른 상반된 태도가 연이어진다. 하나님이 원망스럽지만 그가 어떤 분인지 알고 있기에 하나님의 주권을 고백한다. 이렇듯 계속 가슴과 머리, 원망과 수용 사이를 힘겹게 오간다. 고통에 대해 당당히 말하지만 전능자의 위엄을 인정하는 신앙인으로서의 성숙한 면모가 양가적으로 교차하는 것이다.

애도에 대한 무지 탓에 우리는 욥의 친구들처럼 많은 잘못을 저지른다. 애도하는 자를 위로하고 돕기 원한다면 먼저 그가 어떤 상태인지 이해할 수 있어야 한다. 아무리 이성적인 사람도 상실의 고통 앞에서는 퇴행하게 마련이다. 권투경기에서 연타를 맞다가 결정적 한 방에 쓰러져 그로기 상태에 빠지는 것처럼 정신적 충격은 자아를 일순간 퇴행시킨다. 실제로 스트레스를 받으면 아이큐는 70 수준으로 하락하는데 이를 터널비전tunnel vision현상이라고 한다. 터널에 들어가면 저 끝의 작은 소실점만 보이고 다른 것은 전혀 보이지 않는 시선의 제한된 현상을 말한다. 어떤 사건으로 충격을 받은 뇌는 상황의 전체를 조망하지 못한 채 특정한 부분에만 집착하여 사건을 왜곡하고 비정상적인 판단을 한다. 터널비전은 바로 이런 퇴행적 사고를 의미한다. 이를테면 부부 싸움을 할때, 싸움을 만든 사건 자체를 보지 못하고 각자 건드려진 아픈 부분에만 초점을 맞추어서 사건을 왜곡한다. 지능 70 수준의 퇴행한 관점으로 사건을 보는 부부는 왜 싸웠는지조차 기억하지 못하고 지엽적인 조각들을 붙들고 어린아이처럼 으르렁대기만 한다. 트라우마에 노출된 사람은 당연히 제한된 사고를 하게 되고 단기기억상실이나 인지적 불균형 등의 증상을 보인다. 우리는 그런 사람에게 객관적으로 생각하라거나 정답을 강요한 적은 없었을까? 오히려 이런 진실을 말해주어야 하지 않았을까.

"이런 끔찍한 일이 생긴 건 너도, 그 누구의 잘못도 아니야."

불가항력적인 죽음과 상실은 인간의 선을 넘어선 영역이다. 머리로는 분명히 안다. 그러나 가슴에서는 끝없이 자기질책과 자기

비난이 올라온다. 괴로운 음성이 가슴속에서 아우성친다. '나 때문이야. 내가 잘못해서 그렇게 된 거야.'

퇴행한 가슴, 거기에 애도하는 자의 진심이 있다. 머리와 가슴의 균열이 커질수록 트라우마에서 빠져나올 길은 멀고 험하다. 그러니 애도하는 자를 도울 때는 외딴 섬에 고립된 채 날뛰는 그의 진짜 감정들을 돌봐주어야 한다. 그런데 우리는 이런 사실을 간과한다. 상대방의 퇴행한 감정을 공감해주는 일에 너무나 미숙하다. 서툰 위로는 이런 방식으로 나타난다.

첫째, 욥의 세 친구처럼 애도하는 자에게 객관적인 것, 정답, 옳은 것을 강요하는 태도다. 교회에 이런 위로가 얼마나 많은가. 가족이 아픈데, 사업이 망했는데, 신앙생활을 오래한 직분자들이 단호하게 말한다.

"기도해."

"너를 하나님께서 깨닫게 하려고 그러시는 거야."

"이 고난이 언젠가 은혜가 될 거야. 그러니 하나님께 감사하렴."

맞는 말이다. 그러나 왜 숨통이 막히는 걸까? 왜 화가 치밀어오를까? 애도하는 방식 때문이다. 충고와 조언 이전에 먼저 그가 우는 이유를 들여다보지 않는다. 아파할 수밖에 없는 이유를 보지 못한 채 저 멀리 있는 '정답'을 보라고 강요한다. 공감의 부재다. 공감 없이 던지는 '정답'은 고통받는 자의 자연스러운 애도를 막는다. 애도하는 자의 가슴의 울림을 억압하고 이성을 강요한다.

이는 고열에 시달리는 사람에게 약을 가장한 질 나쁜 진통제를 주사하는 것과 같다. 당장 정신을 잃은 이가 어찌 멀리 볼 수 있단 말인가. 간신히 몸을 가누고 있는 이에게 하나님이 너를 쓰시려 하니 감사하라는 말이 과연 힘이 될까? 이는 쓰러지기 직전, 겨우 버티고 서 있는 이에게 허리를 꼿꼿이 펴라고 강요하는 일이다. 우리는 왜 타인의 아픔에 함께 머무르는 일에 무심할까. 고통 속에서 쏟아내는 불일치된 언어들에 답을 주지 않고 다만 그 언어들을 견뎌주면 그만이다. 그것이 최고의 이해요 배려인데, 사람들은 이를 두려워한다.

둘째로 개인적이고 은밀한 애도의 장을 침범하는 일이다. 저렇게 혼자 우울해하다가 큰일 저지르지 않을까, 저러다 세상을 향한 마음의 문을 닫지 않을까 전전긍긍하며 가뜩이나 힘든 사람을 이리저리 끌고 다닌다. 기도원을 데려가고, 억지로 여행에 동참시키고, 맛있는 음식을 먹이려 무던히도 애쓴다. 이 역시 애도하는 자를 위한 배려다. 그러나 배려하는 자가 자기불안에 매여서, 애도하는 자에게 자기 불안까지 감당해주길 기대하는 일도 있다. 그러니 애도하는 자를 돌보되 혼자만의 시간을 침범해서는 안 된다.

셋째 애도하는 자의 슬픔을 외면하는 것이다. 친구가 힘든 일을 당했을 때, 누군가를 상실했을 때, 가슴 아파하고 걱정하지만 우리는 종종 입을 다문다. 그 일을 모르는 척 일상적인 이야기만 주고받으려 한다. 친구가 어려움을 극복하면서 잘 지내고 있는데 괜히 말해서 '긁어 부스럼'을 만들지 않겠다고 생각한다. 그 일을 화제로 올리면 친구가 더 힘들어하리라고 판단한다. 친구의 고통을 적극적으로 나누는 것에 부담을 느끼기 때문이기도 하다. 애도에 대해 무지한 우리는 그 대화를 나누는 것이 은근히 불편하다. 어설픈 위로가 상대에게 도움이 되지 않을까 스트레스를 받고 피하려 한다. 울고 있는 사람에게 건네는 가장 보편적인 위로의 말은 '괜찮을 거야' '됐어. 이제 그만' '울지 마' 이 세 마디가 아닐까. 그런데 괜찮다고 말하는 당사자도 무엇이 괜찮은지 모른다. 애도하는 자를 바라보는 스스로의 불안으로 인해 자기도 모르게 애도하는 자의 감정을 억압시켜 버린다. 이런 이유들로 만남의 테이블에서 상실과 고통의 주제는 슬며시 물러나고 만다. 결국 아픈 이들은 소외와 고독이라는 또 하나의 고통과 싸워야 한다. 아픈 자리가 아물기도 전에 슬픔에서 벗어나라고 강요당한 이들은 입술을 깨물고 신음한다. "너희들이 아플 때 나는 절대로 먼저 손을 내밀지 않을 거야. 언젠가 나를 필요로 해도 너희들이 지금 내게 그렇게 한 것처럼 나도 너희를 외면할 거야."

애도에 정답은 없다. 애도는 지극히 개인적인 시간을 필요로 하고, 지극히 개인적인 과정을 거친다. 그러나 사랑한 만큼 충분히 아프고 구르고 울고 위로받아야 한다. "자, 이젠 그만해야지." 당사자의 경험 밖에 있는 사람들은 그들의 기준으로 무심하게 말한다. 애도하는 자가 왜 타인의 기대와 기준에 맞추어야 하는가. 그들에게 왜 이런 짐까지 지게 하는가. 얼마나 아파야 이 고통을 매듭지을 수 있는지는 애도하는 사람, 그 자신만이 안다. 그들이 스스로의 방법대로 애도의 순례를 마치도록 우리는 그저 기다려주어야 한다.

대면과 기다림의 진정성

제리코가 그려낸 풍랑 속의 메두사호처럼 인생의 어느 때, 반드시 그런 광풍이 몰아친다. 우리는 작은 뗏목처럼 흔들린다. 아우성친다. 절망한다. 낙담한다. 그런데 광풍이 왜 몰아치는지 알 수 없듯이 우리의 삶에 왜 고난이 닥치는지 설명되지 않을 때가 많다. 인생의 길은 저마다의 것으로, 누군가의 설득이나 명쾌한 정답 또는 객관성에 있지 않다. 인생을 살아가는 방식은 양 갈림길 중 하나를 선택하는 과정에서 부딪히고 넘어지는 몸의 체험으로부터 싹트는 것이며, 지극히 과정적이고 개인적인 그 무엇이다.

욥이 트라우마를 극복할 수 있었던 가장 큰 힘은 바로 '진정성'이 아니었을까. 그는 어느 순간에도 전능자에 대한 경외심을 잃지 않았고, 고통을 대면했고, 이를 정직한 언어로 순수하게 쏟아놓은 몸의 진정성이 있었다. 이 진정성이 건강한 애도를 가능하게 했다. 그러니 애도하는 자의 눈물을 막지 말고, 섣불리 해답을 말하지도 말며, 먼저 손을 내밀되 애도의 시공간을 존중해주어야 할 일이다. 그들의 주관적 체험 속에 사려 깊게 머물러주어야 할 일이다. 그것으로 충분하다.

  애도하는 자의 일상이 회복하기까지는 시간이 필요하다. 허리케인의 눈, 고난의 중심을 지나가야 하리라. 흔들리고 쓰러질 수밖에 없는 시간을 보내는 애도하는 자에게 위로와 공감의 힘을 보태주자. 충분히 울고 아픈 후에야 진정 이별을 고할 수 있다. 우리 안에 아직 떠나보내지 못한 것이 있는가. 떠날 준비가 안 되었다면 있는 그대로 끌어안기를, 울면서 고통과 씨름하기를…. 붉은 피가 흐르는 내 영혼의 그릇인 언어로, 더운 나의 몸으로 고통을 마주하고 느끼고 담아내려는 몸부림. 바로 거기에서부터 애도는 시작하기 때문이다.

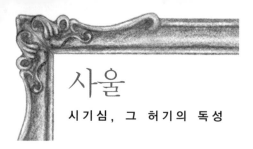

사울
시 기 심 , 그 허 기 의 독 성

거울에 도취된 왕비

〈백설공주〉에서 왕비는 매일 거울에게 묻는다. "거울아, 거울아, 이 세상에서 누가 제일 예쁘지?" 여자라면 거울 앞에서 던져볼 만한 질문이지만 차마 밖으로 드러내지 못하는 은밀한 욕망과 자기 도취가 가득한 독백이다. 왕비는 거울에 매달린다. 아름다움이란 자기 존재를 확인하는 절대적이고 유일한 가치고 요술거울은 이를 확인시켜주기 때문이다. 그러나 왕비는 여기서 멈추지 않는다. 자신보다 아름다운 백설공주에게 걷잡을 수 없는 질투를 느낀다. 1인자의 자리를 지키려면 이제 막 불어오는 저 달콤한 봄바람을 어떻게든 막아야 한다. 왕비의 이 부질없는 몸부림이 안타깝기만 하다. 소녀를 없앤들 자기 얼굴에 난 주름을 막을 수 있겠는가. 처지는 피부와 칙칙한 낯빛, 둔해진 몸은 어쩔 수가 없다. 그러나 왕비는 이 사실을 부정하고 싶다. 꺼져가는 젊음에 점점 상실감을 느끼면서도 백설공주에게 독사과를 먹여 이를 거부하려 한다. 독사과는 그녀 안의 탐욕이 지닌 무시무시한 공격성을 의미한다. 천하를 가졌건만 만족할 줄 모르던 그녀, 도대체 왕비는 왜 그리 탐욕스러울까?

아주 어린 유아들은 거울에 비친 형상이 자기라는 사실을 알지 못한다. 시간이 지나 인지와 신체발달이 어우러지면서 어느 순간 거울 속 존재의 정체를 알게 된다. 많은 심리학자는 유아가 엄마의 눈 속에 비친 자신의 모습을 통해서 최초로 자신을 본다고 한다. 유아는 자신과 비슷한 감정을 느끼는 엄마나 다른 애착대상의 시선에서 우울, 불안, 기쁨 같은 자기감정이 반향되는 모습을 통해 자신을 확인한다. '아, 기분 좋아.' '엄마의 표정을 보니 뭔가가 안 좋긴 하군.' 아이가 자신을 보기 위해서는 거울 역할을 해주는 대상이 필요하다. 초기 발달에서 거울 역할을 해주는 사람이 너무 없거나 반대로 지나치게 충족시켜주다 보면 문제가 생긴다. 아이는 끊임없이 자기를 칭찬해주길 갈망한다. 아이는 때로 타인이라는 거울을 통해 칭찬받을 때만 스스로를 가치 있게 여기고, 칭찬이 부족하면 스스로를 가치 없는 존재로 전락시키곤 한다.

오딜롱 르동(Odilon Redon, 1840-1916)은 상징주의 화가다. 그는 태어나자마자 부모에게 버림받았다. 그의 내면에 깃든 어둠은 동화나 민담 같은 이야기에 투사되어 그림의 중요한 표현으로 드러난다. 발이 여럿 달린 거미는 찌르고 침범하고 빼앗는 파괴성과 소유욕을 상징한다. 르동의 거미들은 각기 다른 모습으로 그려진

오딜롱 르동, 〈웃는 거미〉
1881년, 종이에 목탄, 49.5×39cm,
루브르 박물관, 파리, 프랑스

오딜롱 르동, 〈우는 거미〉
1881년, 종이에 목탄, 49.5×37.5cm, 개인 소장

다. 슬픈 듯 겁에 질린 듯 어린아이처럼 눈물을 흘리는 거미가 있다. 반면 또 하나의 거미는 이를 드러낸 채 잔인하게 웃고 있다. 자기가 쳐놓은 거미줄에 걸린 먹잇감이라도 본 것일까. 시기심은 두 얼굴의 거미가 보여주는 상실과 박탈, 그리고 파괴적 공격성이라는 측면들과 맞물려 있다.

질투를 넘어선 시기심

얼짱에 몸짱까지 '짱'들이 넘치는 세상이다. 그런데 요즘엔 '짱'만으로는 모자란다. '엄친아'도 되어야 하고 '여신'도 되어야 한다. 매스미디어는 뭐 하나라도 눈에 띄지 않으면 열등한 종족이라는 왜곡된 환상을 심어주었고, 너나없이 그 환상에 목을 맨다. 그런데 성경에 그 환상마저 뛰어넘는 완벽한 귀공자가 있었다. 바로 사울이다.

그는 유서 깊은 가문의 사랑받는 막내로 태어났다. 수려한 용모에 문무가 모두 출중하고 부모에게 순종할 줄 아는 예의 바른 청년이었다(아버지가 잃어버린 암나귀를 찾아 온종일 헤매던 사울이 아버지가 자신까지 염려할까 걱정하던 일화를 떠올려보라). 만인의 흠모를 받던 사울은 여호와의 부르심으로 마흔에 왕좌에 오른다. 그야말로 '스타 탄생'이었다.

그의 앞에는 탄탄대로만 놓였다. 전쟁에서는 승승장구했고 지혜롭게 나라를 다스렸으니 백성의 칭송이 자자했다. 부와 명예, 재물, 자녀, 아리따운 여인들까지 모든 것이 차고 넘치게 풍요로웠다. 그런데 안타깝게도 이 풍족함이 절대적 빈곤을 부르는 모순이 되고 만다. 모든 인간이 그렇듯이 정점에 이르자 교만이 찾아온 것이다. 사울은 제사장의 권한에 속한 제사를 제멋대로 드리고, 전쟁 후 전리품을 취하지 말라는 명령을 거스른 채 재물을 취한다. 하나님의 권위보다 스스로의 권력을 믿게 된다. 결국 여호와의 신은 불순종하는 사울을 떠난다. 그러는 사이, 찬란히 떠오르는 한 사람이 있었으니 아름다운 청년 다윗이었다. 거인 골리앗을 물리친 다윗은 떠오르는 해요, 사울은 지는 해였다. 자신이 지는 해임을 인정할 수 없었던 사울은 다윗의 선함과 아름다움을 미워했다.

우리는 크고 작은 질투를 느끼며 살아간다. 사실 질투는 언제든 느낄 수 있는 보편적인 감정이다. 질투는 내가 부족하다고 느낄 때 나보다 낫다고 여겨지는 대상을 향한다. 외모, 돈, 지식, 인간관계에 이르기까지 질투의 이유는 끝없다. 질투의 대상을 보는 일도 힘들지만 질투하는 나 자신이 더 견디기 힘들다. 자신의 '궁색함'이 있는 그대로 드러나기 때문이다. 하지만 현명한 자에게 질투는 약이 된다. 콤플렉스가 주는 적당한 스트레스는 오히려 활력을 전해준다. "부러우면 지는 거야"라고 귀엽게 투덜거리기도 하지만, 부러워하는 자신을 인정하고 질투하는 자신의 갈 길을 정하며 나아간다. 이럴 때 질투는 자신을 더욱 발전시키는 견인차 역할을 한다. 그런데 문제는 단순한 질투를 넘어선 폭탄 같은 감정이 찾아올 때 벌어진다. 일단 그 마음이 찾아오면 소위 '멘붕' 상태가 된다. 그것은 그동안 단련해온 이성적 힘을 단숨에 초토화한다. 원시적이고 잔인하며 무서운 폭발력을 지닌 그 마음의 이름은 '시기심'이다.

질투와 시기심은 차이가 있다. 질투는 비록 고통스럽기는 하지만 콤플렉스를 극복하는 동기가 될 수 있다. 반면 시기심은 자신을 잃게 만든다. 시기심은 탐욕에서 나온다. 내가 가지지 못한 것을 지배하고 삼켜서 완전히 소유해야 한다. 그럴 수 없다면 차라리 좋은 것을 파괴시켜야 한다. 내가 못 갖는다면 너도 가지면 안 된다. 그러니 상대방을 파괴시키기 위해서 제 살 깎기도 서슴지 않는다. 시기하는 자로 인해 '선하고 좋은 것'들이 찢겨지고 상처를 받는다. 백설공주를 향한 왕비의 감정은 질투가 아닌 시기심이다.

오래 전 20대 청년이 치료실에 찾아왔다. 그는 동성애자였다. 건장하고 잘생긴 천생 남자였지만 성관계에서는 여성의 역할을 하고 있었다. 상담에 대해 회의적이었던 그는 자기에 대해 이야기하기를 조심스러워하다가 서서히 누구에게도 털어놓지 못한 마음의 고통을 말하기 시작했다. 그는 계절 중에서 봄이 가장 싫다고 했다. 봄 햇살 아래서 산책하는 사람들이 보기 싫다고 했다. 길을 다니는 여자들과 부딪히는 것이 끔찍하다고 말했다. 특히 임신부

나 아기를 유모차에 태우고 다니는 젊은 엄마들을 혐오했다. 그들을 가증스러워하며 해하고 싶어 했다. 이유는 하나였다. 여자는 남자와 자연스럽게 성생활을 하며 임신할 수 있는 존재이기 때문이었다. 그늘에 숨어서 사랑해야 하는 자신과 달리 여자들은 햇빛 아래서 떳떳하게 마음껏 사랑할 수 있었다. 또한 자신은 결코 사랑하는 남자의 아기를 낳을 수 없다는 낙담에 빠져 있었는데, 그의 여성혐오는 임신할 수 있는 여성에 대한 시기심에서 나온 것임을 알 수 있었다.

자아가 허약하고 빈약할 때, 선하고 좋은 것이 부재하다고 느낄 때 우리는 시기심을 느낀다. 자신이 약하고 텅 비었다고 느끼는 만큼 시기심은 강력해진다. 없는 것을 채우려는 보상적 욕망 때문이다. 시기심을 다루는 가장 손쉬운 방법은 좋은 것을 가진 자를 희생 제물로 삼는 일이다. 누군가의 선한 행동을 깎아내리고 무시하며 나쁜 의도가 있다고 치부해버린다. 혹은 상대에게 과도한 친절을 베풀거나 지나치게 이상화시켜서 시기심을 감추고자 한다. 그리하여 시기하는 자로 인해 공동체 안에서 좋은 것을 가진 사람이 희생양이나 집단 따돌림을 당할 수도 있다.

다윗을 향한 사울의 감정은 질투를 넘어선 시기심이었다. 하나님은 사울을 왕으로 세우신 것을 후회했고 교만한 그를 포기하셨다. 선지자 사무엘이 불순종하는 사울에게 여호와의 신이 옮겨갔다고 예언했지만 사울은 어린애처럼 사무엘을 졸라 억지로 제사를 드린다. 사실 이런 때 사울이 해야 할 일은 먼저 잿더미에 앉아 옷을 찢고 통곡하며 엎드려 회개하는 것일 텐데 말이다. 사무엘은 그의 억지에 마지못해 제사를 드리지만 그날 이후 평생 사울을 보지 않는다. 이제 사무엘마저 잃은 사울은 더더욱 초조하고 불안하다. 인정받지 못한다는 사울의 '결핍'이 여호와께 인정받는 새로운 자를 향한 파괴적 시기심으로 투사된다. 시기심은 사울의 마음에 결국 독버섯처럼 퍼져, 고통받는 사울을 위해 진심으로 연주하는 다윗에게 창을 던져버리는 지경에 이른다.

시기하는 자는 상대방이 주는 좋은 것을 받지 못하는 딜레마에 빠진다. 상대방이 주는 좋은 것이 도리어 시기하는 자의 가난과 열등감을 고스란히 드러내기 때문이다. 다윗의 아름다운 비파 소리도, 따뜻한 위로의 말도 사울에게는 고통스러운 것일 뿐이다. 왜냐하면 다윗의 돌봄과 위로가 아름다울수록 시기심은 더더욱 자극되기 때문이다. 그의 시기심은 다윗이 자신의 목을 졸라 죽이려 한다는 핍박의 형태로 투사된다. 즉, 자기 안의 시기심은 보지 않고 좋은 것을 가진 상대방의 탓으로 전가하는 것이다. 타인의 장점과 선한 마음을 나누면서 사막에 물을 댈 수 있건만, 시기하는 자의 딜레마는 내면을 더더욱 황폐화시킨다.

사울의 시기심은 충동적으로 창을 던졌던 것에서 주도면밀한 살인계획으로 심화된다. 이 일을 위해 막내딸 미갈까지 이용한다. 자신과 자녀의 삶을 망치면서까지 뻗어나간 무자비한 시기심은 제어장치를 잃었다. 이제 끝을 볼 때까지 질주하는 일만 남았다.

아기는 무기력한 존재로 태어난다. 출생과 더불어 맞이하는 낯선 세계는 정신이 미분화된 아기에게 엄청난 불안과 공포를 유발시킨다. 아기는 불안과 공포를 환상세계에서 다루려고 한다. 현실세계에서 무기력한 아기가 실제로 할 수 있는 것은 아무것도 없기 때문이다. 아직 인지도 발달하지 못하고 축적된 경험도 없는 아기는 최소한의 앎을 사용하여 상상으로 낯선 세계와 투쟁한다. 이것은 불쾌한 신체 경험과 불안을 자극하는 '어떤 것'들과의 무시무시한 싸움이다. 이때 다시는 돌아갈 수 없는 엄마 배 속에서의 전능한 세계에 대한 그리움과 아무리 그리워해도 절대로 가질 수 없는 좌절은 시기심으로 변질된다. 이 시기심이라는 공격성을 사용하여 가질 수 없는 그 좋은 것들을 잔인하게 파괴하는 환상을 가진다. 겉으로 보기에는 평안한 아기의 내면세계에서 이렇듯 무자비한 시기심과의 분투가 이루어진다니 놀랍기까지 하다(현실에서는 볼 수 없는 아기의 환상세계에서 펼쳐지는 내용들이다).

하지만 아기의 이러한 분투는 부모가 제공해주는 안전하고 좋은 환경에서 조금씩 현실적인 것으로 교정되기 시작한다. 이때 아기의 인지발달은 객관적 현실세계로 나아가도록 돕는 데 한 몫을 한다. 이제 아기는 세상이 그렇게 나쁜 것만은 아니라는 것을 느끼고 시기심은 완화된다. 그리고 자신의 시기심으로 인한 공격에도 불구하고 자신을 양육해주는 타자에게 감사하는 능력을 갖게 된다.

파멸의 거울을 끌어안고

과도한 시기심에 사로잡힌 내담자 역시 치료사의 좋은 것을 시기한다. 지혜, 따뜻함, 인내하는 능력, 지식 외에도 치료사가 가진 모든 것을 시기한다. 이 시기심은 종종 친절함으로 위장되기도 한다. 치료사에게 친절하고, 치료사를 칭찬하는 이면에 진짜 감정을 감춘다. 은폐된 시기심을 치료사가 알 때 보복당할지도 모른다는 공포 때문이다. 치료사가 자신에게 좋은 영향력을 미치도록 하지 않기 위해서 의도적으로 스스로를 차단한다. 누군가에게 의존한다는 것은 그가 자신에게 없는 좋은 것을 가졌다는 뜻이라 이것이 오히려 내담자에게 고통을 주기도 한다.

"선생님이 날 돕지 못하도록 할 거예요. 아무리 내 삶이 엉망이고 뒤엉켜버린다 해도 나는 선생님의 성공 사례로 남을 생각은 없어요. 선생님은 날 이용해서 성공하려는 거잖아요. 난 여기 와서 선생님을 내 방식대로 이용할 거예요. 선생님을 완벽하게 통제하고 내 방식대로 가질 거예요. 난 상상 속에 선생님을 묶어버려요. 그리고 고문하죠. 때로 선생님에게 달콤한 사탕도 줘요. 적어도 내 세계에서 선생님은 내 발 아래에 있어요. 그러니 이 환상세계를 포기할 수 없어요. 현실로 내려가서 선생님에게 의존하느니 차라리 이 고통스러운 하루하루를 버티는 게 나아요."

치료사의 도움을 거부하면서도 치료사를 갈망하는 이 모순은 시기심의 문제를 지닌 내담자들의 삶 전반에 깔려 있다. 진정으로 변화하고 성장하기를 거절하면서까지 자기 고통을 강박적으로 반복하는 이유는 치료사에 대한 시기심 때문이다. 또한 자신에게 공감해주고 자신의 욕구를 충족시켜줄 완벽한 상상 속의 대상으로 치료사를 소유하고픈 까닭이다. 이때 내담자에게 치료사는 객관적인 타자로 존재하지 않는다. 오로지 내담자가 잃어버렸던 유년 시절의 완벽한 거울로서만 존재한다. "당신이 세상에서 가장 아름답습니다"라는 말을 기계적으로 반복하는 거울처럼.

아담과 하와는 하나님과 같아지고자 선악과를 먹는다. 그 결과 죽음이 온다. 뱀은 여호와의 영광을 시기했고 아담과 하와는 이 시기심에 전염된다. 그리고 죽음의 공포와 불안을 떠안고 살아간다. 박해불안에 노출된 아기를 달래주고 공감해줄 수 있는 좋은 거울로서의 양육자를 만나지 못한 아기는 황망한 세상에 홀로 내던져진다. 그리고 끊임없이 거울을 찾아 헤맨다. 나의 아름다움을 봐줄 누군가를. 비천한 나를 칭찬해줄 누군가를. 그리하여 이 끈질긴 시기심으로부터 벗어날 수 있기를.

사울은 다윗을 파멸시키려는 자신의 악한 의도가 결국 비수가 되어 돌아오리라는 사실을 몰랐을까? 설사 알았다 해도 결코 멈출 수 없었으리라. 시기심은 좋은 것을 파멸시키기 위해 종국에는 자신까지 망쳐버리고야 마는, 가장 원시적인 측면이기 때문이다. 결국 사울은 시기심의 끝에 이르러서 인생을 비극으로 마감한다. 그는 전쟁에서 패하고 자살로 세상과 이별한다.

문득 기묘한 노래가 흐른다. 거울 앞을 떠나지 못하게 하는 마법의 노래. 먼 옛날, 선원들을 죽음으로 몰고 갔던 세이렌의 노래처럼 백설공주를 부르는 서늘한 노랫소리….

"아가야, 여기가 네 자리란다. 나는 절대로 네 얼굴을 보여주지는 않을 거야. 네 자신을 보게 된다면 나의 팔을 벗어나려 할 테니까. 내 넝쿨 발톱을 보여주는 일 또한 없을 거야. 네가 내 곁에 있어야 영원히 허기지지 않을 테니까. 네가 내 곁을 떠난다면 나를 파멸시켜서라도 너를 망쳐버리고 말 거야."

노래 위로 한 여인의 목소리가 겹쳐진다. 백설공주에게 다가올 비극을 알리는 소리, 아름다움 뒤에 독을 품은 목소리, 자신의 끝없는 허기를 채우려는 탐욕스러운 목소리.

"거울아, 거울아, 세상에서 누가 제일 예쁘지?"

느부갓네살

내면으로 돌아와 꽃을 든 남자

헨리 8세의 궁정화가였던 홀바인(Hans Holbein, 1497-1543)은 국왕의 강력한 왕권과 남성성을 과시하는 초상화를 그렸다. 헨리 8세는 왕위를 잇기 위한 왕자 탄생에 연연하여 왕비들을 수없이 갈아치웠다. 떡 벌어진 어깨, 당당하게 벌리고 선 발, 화려한 장신구로 휘감은 모습은 그가 얼마나 힘을 추구한 왕이었는지 여실히 보여준다. 하지만 유일한 아들이었던 에드워드 6세는 어린 나이에 즉위하여 5년 만에 숨을 거둔다. 아이러니하게도 딸이 왕권을 이어받아 강력한 철의 정치를 펼친다. 그녀가 바로 그 유명한 엘리자베스 여왕이다.

또 하나의 그림을 보자. 세 남자가 언덕에서 마주친다. 오른편 누추한 옷차림의 사나이는 화가 쿠르베(Gustave Courbet, 1819-1877)이고 손을 내미는 사람은 당대의 재력가인 은행장과 그의 비서다. 은행장은 쿠르베의 재정적인 후원자였다. 그런데 쿠르베를 보라. 그는 먼저 인사하기는커녕 고개를 빳빳이 들고 그들을 내려다보고 있다. 은행장이 먼저 손을 내밀어 다가가고 비서는 고개를 숙여 존경을 표한다. 쿠르베는 그림을 통해 타인의 시선에 개의치 않는 예술가의 자존심을 표현했다. 여기에는 사색이나 염려, 주저함이 없다. 세상과 예술 사이의 중개자이자 천재 화가라는 당당한 자아만이 그려져 있다. 이렇듯 확고하게 자기주장을 하거나 타인과 나 사이의 분명한 선을 긋는 행위는 남성의 전유물로 여겨져 왔다. 시대가 바뀌어 남성성과 여성성의 의미가 다시 정립되어가는 중이지만 가부장제는 여전히 막강한 힘을 과시하고 있다. 낮과 밤, 빛과 어두움, 선과 악, 능동성과 수동성, 권력과 에로스… 우리 삶에는 이처럼 많은 대극들이 존재한다. 이를 남성성과 여성성이라는 상징적 관점으로 살펴보면 어떨까.

천하를 호령한 그 남자

상담실에 한 남성이 찾아왔다. 그는 알코올에 중독된 남성이었는데 그의 행동들로 가족은 극심한 고통을 받고 있었다. 그는 만취한 채 침대에 소변을 보았고 가족에게 폭력을 휘둘렀다. 자기 환자와 바람을 피우기도 했으며 친딸에게 성추행의 가능성을 보이는 행동을 저지르기 시작했다. 참다못한 아내가 그를 떠밀어 치료실까지 왔지만 상담에 대한 의지가 전혀 없었으며 술은 얼마든지 통제할 수 있다고 장담했다. 심리학적 지식이라면 이미 대학

한스 홀바인, 〈헨리 8세〉

1540년, 목판에 유채 및 템페라, 88.5×74.5cm, 바루베리니 국립고전회화관, 로마, 이탈리아

구스타브 쿠르베, 〈안녕하시오, 쿠르베 선생〉
1854년, 캔버스에 유채, 129×149cm, 파브르 미술관, 몽펠리에, 프랑스

시절에 배웠다면서 별 수 있겠냐고 코웃음을 치기도 했다. 하지만 안타깝게도 자신만만한 태도와 달리 그는 이미 통제 불능의 상태였다.

시간이 지나자 그는 술을 마실 수밖에 없었던 이유인 숨겨왔던 콤플렉스들을 조금씩 꺼내놓았다. 어린 시절부터 월등했던 형 때문에 매사에 두 번째로 밀려났고, 남자치고는 키도, 몸체도, 성기도 작다고 말했다. 같은 직업을 가진 다른 친구들보다 수입이 적어 원하는 외제차를 살 수 없어서 답답하다고도 했다. 그러면서도 그는 자신이 심리학 지식이 많다는 사실을 과시하려 했다. 나중에는 자신이 얼마나 성적 매력이 넘치는지를 나에게까지 과시하려 했지만 경계를 두자 더 이상 상담소를 찾아오지 않았다. 그는 치료사를 성적 페니스로 굴복시켜 자신의 남성성을 확인하고 싶었던 것이다.

고대 남성은 힘과 무술을 통해, 현대 남성은 경제력이나 사회적 지위를 통해 남성성을 과시한다. 가부장적 사회구조에서 남성은 경쟁에서 승리할 것과 집, 직장, 인간관계 속에서 자신의 명예와 심리적 페니스를 세우는 환상을 강요당해왔다. 성경 속 바벨탑 이야기는 인간의 힘과 권력에 대한 욕망을 보여주는 원형적인 상징이다. 그런데 유난히 자신의 바벨탑을 세워 과시하려는 남성들이 있다. 한마디로 '내 페니스가 높고 크다'는 것에 집착하는 남성들이다. 성경에는 이런 강력한 남성성을 상징하는 인물들이 대거 등장한다. 왕이나 장수로 묘사된 그들은 절대적인 힘과 권력으로 국가와 여성들을 지배했다.

그 중 하나인 느부갓네살은 천하를 호령한 신바빌로니아의 제왕이었다. 그는 이집트와 시리아, 팔레스타인을 단숨에 점령했고, 자신에게 순종을 약속하면 적군이더라도 아군으로 후하게 받아들였다. 예레미야 52장에서 여호야긴을 후대하는 모습을 보면 그는 가히 배포가 큰 인물이었던 것 같다. 하지만 배신자에게는 처참하게 보복하는 잔인한 왕이기도 했다. 그에게 저항한 시드기야 왕은 자신의 아들들과 신하들이 몰살되는 장면을 눈앞에서 지켜보아야 했고, 여생 동안 잔혹한 이 장면만을 기억하라며 두 눈이 뽑혀 지하 감옥에 갇히는 끔찍한 형벌을 받았다.

느부갓네살은 상당히 속물적인 사람이기도 했다. "높이는 육십 규빗이요 너비는 여섯 규빗"인 거대한 신상을 만들어 그 앞에 절하지 않는 자는 즉시 풀무불에 던져버렸다. 사형은 늘 즉각적으로 시행되었다. 맹수 같은 독재자의 전형이다. 그런데 느부갓네살의 변화무쌍함은 여기에서 그치지 않는다. 그는 대단한 로맨티스트이기도 했다. 세계 7대 불가사의 중 하나로 꼽히는 바빌론의 공중정원은 바로 그의 작품이다. 아내인 메디아의 공주 아미티스가 바빌론의 더운 날씨를 못 견디자 그녀를 위해 공중정원을 만들어주었다. 25미터 높이에 정원을 축조하고 물을 끌어올려 식물을 자라게 한 인공정원으로, 멀리서 보면 공중에 떠 있는 것처럼 보였다고 한다. 이처럼 그는 자신의 여자에게 기쁨을 주기 위해 막대한 돈과 인력을 아낌없이 쏟아부었다. 낭만적일 뿐만 아니라 능력 있는 남자의 저력이 유감없이 드러나는 일화이다. 이러한 의외의 면모들은 느부갓네살이라는 인물에 호기심을 일으킨다. 마지막으로 지배적 남성성의 전형이라 할 수 있는 그에게서 발견한 의외의 모습이 있으니, 바로 '종교성'이다. 그는 이스라엘 포로인 다니엘이 섬기는 하나님에 대해 관심이 있었다. 눈으로 볼 수 없는 전지전능한 존재에 대하여 막연하게 인정했고 경탄을 금치 못했다. 하지만 그에게 하나님은 신기하고 놀라운 존재, 그 이상은 아니었다. "오오, 참으로 기이한 일이로다. 야훼 하나님, 저 능력의 신은 천하의 왕인 나와 꼭 닮은꼴이로구나."

다니엘이 풀무불에 던져졌으나 몸 하나 상하지 않고 건져진 사건이나, 누구도 알아내지 못한 왕의 은밀한 꿈을 정확히 해석해낸 일, 채식만 하고도 육식을 한 바벨론의 청년들보다 더 건강해진 일들은 그저 놀랍고 신기한 일에 지나지 않았다. 그들의 경험은 그들의 경험일 뿐이었다. 하지만 이제 그 경험이 곧 왕 자신의 것이 될 날들이 다가오고 있었다. 그가 꾼 꿈은 그 전조였다.

어느 날 그는 꿈속에서 높고 아름다우며 열매가 많아 짐승들이 깃드는 나무를 본다. 한 거룩한 자가 나타나 그 나무를 베어버리는데 기이하게도 뿌리의 그루터기는 남겨두라고 이른다. 벤 나무는 들풀에 버려져 이슬에 젖고 들짐승과 더불어 일곱 때를 지낸다. 왕은 꿈을 떨칠 수가 없었다. 이해할 수 없지만 강렬한 이미지로 각인된 꿈이 무엇을 뜻하는지 너무나 궁금했다. 왕은 지혜로운 자, 다니엘에게 꿈의 의미를 물었고 다니엘은 이렇게 해석한다.

왕이여 이 나무는 곧 왕이시라. 이는 왕이 자라서 견고하여지고 창대하사 하늘에 닿으시며 권세는 땅끝까지 미치심이니이다. … 왕이여 그 해석은 이러하니이다. 곧 지극히 높으신 이가 명령하신 것이 내 주 왕에게 미칠 것이라. 왕이 사람에게서 쫓겨나서 들짐승과 함께 살며 소처럼 풀을 먹으며 하늘 이슬에 젖을 것이요 이와 같이 일곱 때를 지낼 것이라. 그때에 지극히 높으신 이가 사람의 나라를 다스리시며 자기의 뜻대로 그것을 누구에게든지 주시는 줄을 아시리이다. 또 그들이 그 나무뿌리의 그루터기를 남겨두라 하였은즉 하나님이 다스리시는 줄을 왕이 깨달은 후에야 왕의 나라가 견고하리이다. 그런즉 왕이여 내가 아뢰는 것을 받으시고 공의를 행함으로 죄를 사하고 가난한 자를 긍휼히 여김으로 죄악을 사하소서. 그리하시면 왕의 평안함이 혹시 장구하리이다 하니라(다니엘서 4장 22, 24-27절).

강력한 제왕 느부갓네살이 짐승처럼 될 것이라는 무시무시한 예언이었다. 하지만 해석의 정수는 "하나님이 다스리시는 줄을 왕이 깨달은 후에야 왕의 나라가 견고하리이다"라는 부분이었다. 이는 느부갓네살 그 자신이 인생의 주인이 아니요, 전능자에게 속한 자임을 전인격적으로 받아들여야 한다는 부름이다. 그런데 다니엘은 왕에게 이러한 당부를 덧붙인다. "가난한 자를 긍휼히 여김으로 죄악을 사하소서. 그리하시면 왕의 평안함이 혹시 장구하리이다."

여기서 '가난한 자'는, 문자 그대로라면 그가 외면하며 살아왔던 가난한 백성이리라. 그러나 표면적 의미 아래 또 다른 의미가 있다. 가난한 자는 바로 그의 의식이 돌보지 않았던 느부갓네살 자신의 내적 인격이다. 느부갓네살은 외형적인 과시를 위해 에너지를 지나치게 썼을 뿐, 스스로를 돌아보거나 반성하지 못했다. 그 결과 그의 내적 인격은 빈곤해졌다.

내면의 성소를 향한 길

오랫동안 사회는 강인한 남성상을 요구했고 여성적인 특징은 무시되어 왔다. 여성성은 어떤 특징을 가지고 있는가(여기서 남성성과 여성성은 노이만이 언급했던 것처럼 우리 안의 대극적인 측면을 인류의 가장 오래된 남성과 여성이라는 상징적 표현으로 사용했음을 알려둔다). 여성성은 타인과 관계 맺는 일에 탁월하다. 타인의 감정을 공감하며 양육하고 품는다. 여성성은 부드럽고 따뜻하다. 전통적으로 가난한 자를 돌보는 능력은 남성이 아니라 여성이 담당해왔다. 이것은 느부갓네살이 가진 삶의 태도와는 완전히 다른 것이다. 침략하고 정복하여 영토를 확장하는 것, 이것이 그가 이룬 역사의 전부였다. 물론 왕으로 살아가기 위해서는 이런 남성적 태도가 필요했을 것이다. 타인을 공감하고 이해했다가는 왕으로서의 업적은 미미해졌을 테고, 근동지방의 역사도 달라졌을 것이다.

그러나 이제 외적 삶의 태도에만 고착되어 있던 왕에게 정신의 위기가 오기 시작했다. 융은 중년이 되면 외적으로 향했던 심리적 에너지가 내면으로 향하고, 이것이 숙성되어 깊어지는 발달적 과제를 만나게 된다고 했다. 그래야만 표면적인 자아의 한정된 모습이 아닌, 자신도 몰랐던 자신의 또 다른 내적인 자원들을 발견할 수 있다. 그 과정은 곧 자신의 연약함을 인정하는 고독한 길이다. 확고부동했던 것에 의심을 품게 되면 일시적으로 방향을 잃고 헤맬 수 있다. 그러나 이는 완고한 자아가 더 큰 이의 의지를 받아들여 하나가 됨으로 확장하는 숭고한 기회가 된다. '나는 이런 사람이야'라고 믿어왔던 서투른 자기 확신이 깨지는 순간이다. 스스로에 대한 새로운 자각이 섬광처럼 우리의 영혼을 가로지를 때 '영적 아기'가 탄생한다. 영적 아기는 내면의 새로운 변화를 상징한다. 황금빛에 둘러싸인 성스러운 아기는 정체성의 혼돈 속에서 태어난다. 예수님이 어두운 밤, 천한 말구유에서 태어났듯이. 이제 어려운 삶의 통과의례를 거친 이는 더욱 견고해지고 자신만의 독특한 개성을 따라 살아가게 된다.

어느 날, 남자가 집에 일찍 귀가했다. 그런데 할 일이 없다. 가족과 어울리지 못한 채 나만 혼자다. 아이들이 어떻게 지내는지 전혀 모르니 잔소리만 나온다. 아이들은 슬금슬금 아버지를 피해 간다. 스산하고 외롭다. 문득 아내 곁에서 드라마를 훔쳐보다가 눈물을 흘린다. 창피스러워 눈물을 닦지만 요즘 왜 이렇게 마음이 쉽게 동요되는지 모르겠다. 남자는 왠지 모를 허전함에 방안을 서성이다가 청년 시절에 흠뻑 빠졌던 《베르테르의 슬픔》을 책장에서 발견하고는 꺼내본다. 깊은 밤에는 어린 시절에 꿈꾸었던 만화가의 꿈을 떠올리며, 혼자 은밀하게 그림을 끄적여본다. 그 밤, 라디오에서 들리는 〈Let it be〉가 가슴을 울컥 때린다. 약해졌구나. 이러면 안 되지. 마음을 다잡지만 틈을 파고드는 이 상념들은 어쩔 도리가 없다. 과연 잘 살아온 걸까. 무엇을 위해 살아왔을까. 가족을 위해서 열심히 일했는데 왜 이리 공허할까. 자꾸 사람들을 돌아보게 된다. 뭐가 그리 즐거워 웃고 있을까. 저 사람이 돈도 안 되는 일에 저리도 헌신하는 이유는 뭘까. 이렇게 혼자 질문을 하다 보니 문득 스스로 뭔가를 찾아 헤매는 느낌이다. 남자는 자신의 변화가 두렵지만 한편으로는 이전에 보지 못했던 것을 보는 모험이 시작된 것 같기도 하다.

남자의 마음에는 이전에 무가치하다고 생각했던 여성적 가치들을 받아들이는 내적 변화가 일어나고 있다. 남자 안의 내적 인격인 여성성이 고개를 들면서 전에는 무심했던 것들을 돌아보게

윌리엄 블레이크, 〈느부갓네살〉
1795년, 동판, 46×60cm, 런던 테이트 브리튼 미술관, 영국

하고 감정에 사로잡히기도 한다. 예전보다는 섬세하게 아내의 마음을 더 이해할 수 있게 된다. 비로소 타인과 공감한다는 의미를 깨닫는다.

중년기 남성의 외적 인격과 내적 인격의 통합은 노년기에 이루어야 하는 심리적 과제를 위한 준비 작업이다. 노년기는 사회적 페니스를 포기하고 후손들에게 자기 소유를 나누어주는 돌봄과 배려를 실천하는 시기이기 때문이다. 공감이 있어야 남을 돌보고 배려하게 된다.

느부갓네살도 모든 인간에게 주어진 이 성장의 드라마를 피해 갈 수 없었다. 나무가 잘리는 꿈은 이러한 삶의 과제를 무시해왔던 자아가 붕괴의 위험에 처해 있음을 급박하게 알린다. 그러나 안타깝게도 그는 내적 붕괴에 관심을 두지 않았다. 꿈이나 하나님에 대한 관심은 있었지만 이를 내면으로 끌어당겨 반추하지 않았다. 느부갓네살은 극단적인 남성성의 에너지를 거두고, 고독하게 꿈을 음미하고, 과거와 현재를 둘러보고, 미래를 그려보는 혼자만의 성소에 들어가야만 했다. 그러나 그는 여전히 내면의 성소를 위한 자리를 스스로에게 내주지 못했다. 그는 말한다.

나 왕이 말하여 이르되 이 큰 바벨론은 내가 능력과 권세로 건설하여 나의 도성으로 삼고 이것으로 내 위엄의 영광을 나타낸 것이 아니냐 하였더니(다니엘 4장 30절).

결국 그는 무의식에 귀 기울이지 못한 대가를 7년 동안 치른다. 그것은 우리 정신의 가장 밑바닥, 자아가 해체된 상태, 인간의 본성을 찾기 위해 짐승과 같은 본능의 세계로 돌아가는, 끔찍한 분열의 상태로 가는 '퇴행'이다.

이 말이 아직도 나 왕의 입에 있을 때에 하늘에서 소리가 내려 이르되 느부갓네살 왕아 네게 말하노니 나라의 왕위가 네게서 떠났느니라. 네가 사람에게서 쫓겨나서 들짐승과 함께 살면서 소처럼 풀을 먹을 것이요 이와 같이 일곱 때를 지내서 지극히 높으신 이가 사람의 나라를 다스리시며 자기의 뜻대로 그것을 누구에게든지 주시는 줄을 알기까지 이르리라 하더라. 바로 그때에 이 일이 나 느부갓네살에게 응하므로 내가 사람에게 쫓겨나서 소처럼 풀을 먹으며 몸이 하늘 이슬에 젖고 머리털이 독수리 털과 같이 자랐고 손톱은 새 발톱과 같이 되었더라(다니엘 4장 31~33절).

퇴행을 극복하고 새롭게 태어나다

느부갓네살이 자신의 내면을 돌아보도록 에너지의 방향을 돌리려면 강력한 퇴행이 필요했다. 그렇게 밑바닥으로 퇴행함으로써 그는 마침내 자신의 진짜 모습과 만날 수 있었다. 이러한 퇴행의 과정 끝에야 왕은 하나님을 '그들의 하나님'이 아니라 '나의 하나

조르주 루오, 〈늙은 왕〉

1937년, 캔버스에 유채, 77×54cm, 카네기 미술관, 피츠버그, 미국님'으로 고백한다. 그는 더 이상 멀리서 관망하지 않는다. 나락으로 떨어져 고통을 겪었지만 한탄하지 않는다. 오히려 가장 밑바닥의 모습을 한 채로 감격의 노래를 부른다. 자신을 찬양하던 오만을 거둔 그의 노래는 자신의 내면에 살아 있는 거룩한 이에게로 향한다.

그는 왕의 홀을 고요히 내려놓는다. 고고하게 얹힌 왕관도 내려놓았다. 어깨에 두른 화려한 비단 망토도 거둔다. 빈손으로 그는 노래한다. 제국의 껍질을 벗고, 벌거벗은 한 인간의 모습으로 나아간다.

> 그 기한이 차매 나 느부갓네살이 하늘을 우러러 보았더니 내 총명이 다시 내게로 돌아온지라. 이에 내가 지극히 높으신 이에게 감사하며 영생하시는 이를 찬양하고 경배하였나니 그 권세는 영원한 권세요 그 나라는 대대에 이르리로다. … 그러므로 지금 나 느부갓네살은 하늘의 왕을 찬양하며 칭송하며 경배하노니 그의 일이 다 진실하고 그의 행하심이 의로우시므로 교만하게 행하는 자를 그가 능히 낮추심이라
> (다니엘 4장 34, 37절).

혼란과 우울, 분노와 상실은 진정한 나를 만나기 위해 거쳐야 하는 통과의례이다. 산고의 고통 없는 탄생이 없듯이 삶에 대한 새로운 태도는 퇴행을 극복하는 경험 없이 태어나지 않는다. 퇴행

의 경험은 우리가 얼마나 작은 존재인지를 깨닫게 하고, 더 큰 이의 젖을 사모할 수밖에 없음을 인정하게 한다.

중년의 왕이 화려하게 채색된 붉은 옷과 왕관을 쓰고 깊은 생각에 잠겨 있다. 그는 왕의 위엄에 어울리지 않는 들꽃을 손에 들고 있다. 작고 연약하지만 어여쁜 꽃을 들고 눈을 감은 왕의 모습이 연민을 일으킨다. 왕관 아래 가려진 슬픔이 느껴지지 않는가. 소박한 들꽃의 아름다움은 왠지 늙은 왕을 감싸 안고 싶어지게 한다.

심령이 가난한 자는 복이 있나니 천국이 그들의 것임이요(마태복음 5장 3절).

첫 번째 모세

소박한 자아로 거울 앞에 서다

페르메이르(Jan Vermeer, 1632-1675)는 빛을 탁월하게 사용한 바로크 시대의 화가다. 한 여인이 그릇에 우유를 따른다. 한낮의 빛이 그녀의 지극히 평범한 일상의 한순간을 담담하게 비춘다. 이 빛으로 인해 일상은 특별한 풍경이 된다. 이렇듯 빛은 매 순간마다 우리를 비춘다. 화가는 일상에 빛을 비추어 경이로운 풍경으로 재현해냄으로써 보는 사람으로 하여금 '존엄성'을 느끼게 한다. 낮은 곳에 있어 미처 보지 못했던 존엄한 무언가를 발견하게 한다. 평범해보이는 일상을 존엄한 차원으로 끌어올릴 수 있는 페르메이르의 빛은 어디에 있을까.

잊었던 내 안의 작은 영웅

한때 〈나는 가수다〉라는 TV 프로그램이 인기를 끌었다. 아마도 가장 큰 화제를 모았던 시기는 가수 임재범이 나왔을 때가 아니었나 싶다. 타고난 가객이었지만 힘겨웠던 그의 인생은 많은 사람에게 연민을 불러일으켰다. 암에 걸린 아내와 하나밖에 없는 딸을 위해 자신을 버리고 그토록 두려워했던 세상으로 나온 모습은 감동적이었다. 그는 조울증을 앓았다고 한다. 조울증은 조적manic인 상태와 우울증적인depression 상태가 번갈아 나타나는 정신 병리다. 조적인 상태에서는 자신이 뭐든 할 수 있을 것 같고 거대해지는 느낌을 받는다. 그래서 앞에 나서고 일을 크게 벌이고 뭐든 다 관여한다. 그러나 이것은 일종의 거품이다. 외로움을 방어하기 위한 거품이기 때문에 시간이 지나면 다시 가라앉는다. 조적인 상태에서 우울증으로 내려가는 순간은 지옥과도 같다. 차라리 죽는 게 낫다고 느낄 만큼 덮쳐오는 패배감와 수치, 좌절감은 이루 말할 수가 없다.

임재범은 마음의 병 때문에 세상과 담을 쌓고 살았다. 그런 그가 노래에 등수를 매기는 서바이벌 프로그램에 나오다니! 이는 마음속에 몰아치는 거대한 파도 앞에 승부수를 던졌다는 뜻이다. 그리고 그의 진정성은 TV에 그대로 드러났다. 그는 두려움, 고통, 자만심, 가난, 이기심을 대중에게 모두 보여주었다. 대중은 그러한 그에게서 '영웅'의 이미지를 보았다. 신화에 나오는 거대한 영웅이 아니라 소박한 실제 삶에서 만날 수 있는 작은 영웅이었다. 그는 마침내 노래로 우뚝 일어섰고 우리는 아낌없이 박수를 보내주었다. 임재범이라는 인물이 우리 개개인에게 어떤 의미를 주었

얀 페르메이르, 〈우유를 따르는 하녀〉
1660년, 캔버스에 유채, 45.5×41cm, 암스테르담 국립미술관, 네덜란드

기에 그렇게 박수를 받을 수 있었을까?

　누구나 열심히 산다. 아침 일찍 일어나 버스에서 부대끼고 녹초가 된 몸으로 직장에 도착한다. 생존을 위해 정신없이 일한다. 명예퇴직을 당하지 않으려고 퇴근 뒤에도 외국어 공부를 한다. 회식 자리에서 상사의 눈에 들려고 못 마시는 술을 억지로 들이켠다. 자녀의 학원비를 보태려고 엄마들은 가사도우미로, 학습지 교사로 뛴다. 아이들은 방과 후에 학원으로 직행하고 과외공부에 시달리다가 자정이 넘은 시간에 쓰러져 잠든다. 그러나 치열한 일상에는 서글프게도 진정한 만남도, 인생에 대한 성찰도, 타인에 대한 이해도, 감동적인 순간도 없다. 각박한 세상에서 살아남기 위한 경쟁만이 있을 뿐이다.

　그러는 사이 우리는 존재와 세계에 대한 의미를 잃어버렸다. 현대인은 행복을 위해 일한다고 하지만 정작 행복은 무지개 너머에서 반짝거릴 뿐 나날의 영혼은 고갈되어 간다. 주위를 둘러보라. 아버지들은 승진에 연연하지만 막상 목표를 이룬 뒤에는 기쁨도 잠시, 다시 넘어야 할 산들이 기다리고 있다. 부부가 맞벌이를 하느라 아이를 종일 방안에 가두어두었는데 혼자 있던 아이가 사고로 피를 흘리며 쓰러져 있다가 구사일생으로 살아나기도 한다. 어린 시절, 사고로 부모를 잃고 친척집을 전전하던 아이가 훗날 자수성가했지만 노년에 우울증에 시달리다가 결국 자살한다. 이런 일들이 오늘도 우리의 삶에서 일어나고 있다. 결코 타인의 이야기가 아니다. 나 자신의 이야기이고 당신의 이야기일 수 있다.

　독일의 철학자 하이데거Martin Heidegger는 의미를 잃어버리고 현상만 쫓는 삶을 '존재를 허비하는 삶'이라고 했다. 거기에는 존재에 대한 반성도 없고 질문도 없다. 그렇기에 임재범의 등장은 인상적인 사건이었다. 허울을 벗어던지고 자신의 한계와 싸우며 노래하는 초라한 중년의 가장은 사람들의 가슴에 뜨거운 무언가를 지폈다. 그가 극복하고 일어서는 삶의 자리가 나의 자리와 다를 게 없다는 공감이다. 그가 이룬 세상과의 화해, 자신의 존재에 대한 새로운 발견이 바로 내 것이 될 수도 있겠다는 소망이 고개를 들었다. 비록 숨 가쁘게 살아가지만, 우리는 근본적으로 우리 존재의 가치를 발견하길 원한다. 삶에서 경험하는 사건이 우연이 아니라 내 존재를 향한 더 큰 존재의 계획 아래서 이루어지는 필연임을 확인하기 원한다. 그 필연을 통해 내면에 신성한 공간이 열리고 내 삶의 작은 영웅으로 일어서기를 원한다.

　하지만 쉽지 않다. 이야기 속 영웅의 행로가 늘 그렇듯이 영웅의 탄생은 가정에서 버림받는 비극적인 사건으로 시작한다. 영웅은 버림받음과 내몰림이라는 예정된 고난을 운명으로 끌어안고 태어난다. 융은 평탄하게 사는 사람은 무의식을 돌아볼 필요를 느끼지 못하는 반면 고난을 받은 사람은 버림받음을 통해 무의식을 돌아보게 되고 이는 영웅의 시작을 의미한다고 했다. 모세라는 인물의 삶 역시 버림받음과 내몰림으로 시작되었다. 그의 삶은 영웅의 전형적 서사 구조를 지닌다. 권력에 눈먼 바로는 이스라엘의 남아들을 무조건 죽이라고 명령한다. 부모들은 살해당하는 자식을 바라보며 목 놓아 울었다. 이때 모세의 부모는 과감한 결단을 내린다. 생존을 위한 1퍼센트의 가능성에 아이를 던진 것이다. 그들은 갈대 상자에 아기를 넣고 나일강에 띄운다. 이 기막힌 상황에서 하나님은 바로의 딸을 보내시어 그를 구원한다. 공주는 갈대 상자에서 나온 귀여운 남자아이를 아들로 삼는다.

그러나 바로의 입장에서 보면 이야기는 달라진다. 바로에게 모세는 애물단지였다. 공주의 충동적인 연민 때문에 이스라엘의 아이가 왕가의 일원이 되다니, 있을 수 없는 일이다. 모세는 화려한 궁전에서 목숨을 부지하지만 바로라는 거대한 존재로부터 무시당한 채 성장했을 것이다. 그러다가 유모인 친엄마를 통해 자신이 미천한 출신이라는 사실을 조금씩 깨닫는다. 결코 유쾌하지 않은 깨달음이었을 것이다. 자신이 노예 민족의 자손이라는 사실은 받아들이기 힘든 아니, 거부하고 싶은 진실이었을 것이다.

게다가 두렵지만 동시에 존경하는 신적인 인물 바로를 보며 모세는 많은 혼란을 느꼈을 것이다. 왕자라는 페르소나(persona, 가면이라는 뜻을 가진 말로 사회에서 요구하는 규범을 개인이 받아들여 적응하면서 입는 사회적이고 공적인 역할의 옷)로 볼 때 바로는 위대한 왕이었지만, 노예와 같은 민족의 눈으로 본다면 그는 잔인한 폭군이다. 결코 화해할 수 없을 것 같은 극단적인 두 정체성 사이에서 모세는 현실을 부정하고 현실에 짓눌린 채 성장한다. 유모가 들려준 민족의 하나님 이야기는 중요하지 않았다. 그것은 보잘것없는 민족의 자존심을 세우는 허망한 전설일 뿐이었다. 그에게는 양할아버지 바로의 멸시와 그로 인한 슬픔과 분노가 더 중요하고 생생했다. 하지만 버림받은 양자 모세는 동족의 한과 설움을 점점 더 이해하게 된다. 몸은 궁전에 있지만 마음은 사막에서 노역을 하는 이스라엘 사람들을 향하기 시작했다. 왜냐하면 모세 자신도 이스라엘 백성처럼 그야말로 '아무것도 아닌 존재'였기 때문이다. 그는 자신이 누리고 있는 모든 것들에 덧없음을 느낀다. 화려한 왕궁과 아리따운 시녀들이 모두 허울로 보인다. 그것들은 진정한 '내 것'이 아니다. 언제 버림받을지 모르는 빛 좋은 개살구일 뿐이다. 내 것인 줄 알았는데 알고 보니 내 것이 아니라는 진실을 대면한 모세는 절망을 느끼고, 젊은이 특유의 분노의 아드레날린은 가파르게 상승한다. 이게 도대체 뭐란 말인가. 부당한 역사는 끝내야 한다. 뜨거운 피가 들끓기 시작한다. 이집트인 사이에서 이집트인인 척해야 했던 아웃사이더 모세는 육체를 사로잡은 뜨거운 감각으로 '살아 있음'을 느낀다.

나의 피는 전사의 횃불처럼 타오를 것이다.
그 횃불을 들고 앞장설 이는 바로 나 자신이다.
왕자인 나는 핍박받고 가난한 사람들을 이끌고 가야 한다.

나 이제 당신의 삶 속으로 들어가리

강의를 하던 중 한 여성을 만났다. 그녀는 자신이 어떤 고통을 받고 있는지 그림으로 보여주었다. 개미 한 마리가 땀을 흘리며 무거운 십자가를 어디론가 끌어가고 있었다. 가느다란 개미가 십자가 아래서 안간힘을 쓰는 모습이 안타깝게 보였다. 그녀의 아들은 발달장애였다. 아들을 고쳐보고자 동분서주하던 중 어느 상담센터에 갔는데 그곳에서 만난 심리치료사에게 크게 상처를 받았다. 심리치료사는 아들이 그린 그림을 보여주며 "엄마가 얼마나 잔소리했으면 엄마의 입을 이렇게 크게 그렸겠어요"라고 말했는데 그 순간, 그녀는 이루 말할 수 없는 수치심을 느꼈다(아마도 초보 심리치료사였으리라 생각한다). 그녀는 좋은 엄마가 되려면 스스로를 부인하고 아들만을 위해 살아야 한다고 말하면서 그 짐이 너무 무겁다고 눈물을 흘렸다.

장애아의 부모는 많은 희생을 감내해야 한다. 정작 사회가 장애아에게 해주는 것은 별로 없으면서 아니, 편견 어린 시선을 보내면서 부모의 희생만을 요구한다. 간혹 장애 자녀를 둔 부모가 자기 삶을 실현해가고자 아이에게 조금이라도 소홀한 모습을 보이면 주변 사람들은 "저 엄마는 이기적인 사람"이라고 수군거린다. 그러나 정말 그런가? 나를 부인하고 나를 버리는 것만이 좋은 엄마가 되는 길일까? 그녀는 장애아를 낳도록 결정되었고 신은 그녀에게 십자가를 지라고 강요하는 걸까? 그렇지 않다. 그녀는 자기 인생을 누릴 권리가 있고 자녀에게도 그것을 주장할 권리가 있다. 그녀는 엄마이기 전에 개인이기 때문이다.

그러나 아직 사회는 이를 인정하지 않는다. '내가 없으면 안 될 것 같다. 내가 없으면 모두 다 무너질 것 같다. 나 자신을 위한 시간이란 사치다. 오로지 나는 가족을 위해 희생해야 할 운명을 지녔다. 내가 없으면 우리 가족은 아무것도 못 한다….' 살신성인해야 할 것만 같은 거대한 '나'가 부풀어오른다. 간절히 바랐던 소중한 꿈은 솜사탕 같은 거라며 고개를 젓는다. 누군가를 그리워하고, 차를 마시며 시를 읽던 모습은 저편에 던진다. 개인은 사라지고 나만 홀로 십자가를 지고 세상을 구할 영웅이 된다. 이런 영웅으로 부름받았다니 어떤 면에서는 위로가 될 만큼 근사하다. 더 이상 예전의 나약한 자신은 없다. 과거의 상처는 물론 좋았던 기억마저도 등 뒤에 두고 영웅이 되어 나에게 아픔을 주는 이들 앞에 당당히 선다. 구원환상은 고통을 주기도 하지만 달콤하기도 하다. 그래서 굴레처럼 자꾸만 스스로를 옭아맨다. 자신만이 구원자라는 영웅원형에 사로잡히면 자신을 잃어버릴 수 있다. 그것은 자기가 자기에게 속아 자신을 버리는 비극이다. 장애아의 부모들 마음속에 아이를 보며 기쁜 순간이 있더라도 때때로 이 모든 상황에서 도망치고 싶은 순간이 있다는 사실을 우리 모두가 인정할 수 있어야 한다.

모세는 바로가 이스라엘 백성에게 가하는 폭력을 보면서 동족의 아픔에 자신의 아픔을 동일시했다. 성장기의 고통만큼, 바로에 대한 원망만큼, 동족의 아픔이 가슴을 찌른다. 민족을 구원해야 한다는 사명감이 솟구친다. 그는 이스라엘인이었지만 고등교육을 받은 지식인이었고 권력층의 자제였다. 그의 고뇌는 약소국의 지식인이 경험한 그것이었다. 모세의 무의식에서 거대하게 부풀어 오른 영웅원형은 파괴적으로 움직여 마침내 살인을 저지르고 만다. 그는 피라미드 공사 현장에서 동족을 괴롭히는 이집트인을 돌로 내리친다. 그리고 발각될까 두려워 시체를 모래에 묻는다. 다음 날, 모세는 싸움판을 벌이는 동족에게 다가간다. 같은 편끼리 힘을 합쳐야 한다고 설득하지만 동족은 이렇게 말한다.

이튿날 다시 나가니 두 히브리 사람이 서로 싸우는지라. 그 잘못한 사람에게 이르되 네가 어찌하여 동포를 치느냐 하매 그가 이르되 누가 너를 우리를 다스리는 자와 재판관으로 삼았느냐. 네가 애굽 사람을 죽인 것처럼 나도 죽이려느냐 … (출애굽기 2장 13-14절).

모세는 동족을 위해 스스로를 희생했다고 믿었는데 그들은 '이집트 왕자가 자기 분에 못 이겨서 홧김에 사람을 죽였다'라고만 생각했다. 그들 눈에 비친 모세는 기분에 따라 사람을 해하는 감정적이고 포악한 왕자일 뿐이었다. 설상가상으로 모세가 이집트인을 죽였다는 소문이 바로의 귀에 들어가자, 그는 모세를 죽이려고 혈안이 된다. 바로에게 위협받고 동족에게 외면당한 모세는 갈 곳이 없었다. 둘 모두에게서 '버림받은' 그는 이집트인도 이스라엘 민족도 없는 '버림받은' 광야로 도망친다. 그곳에서 초라하게 연명한다. 궁전에서 호의호식하던 그가 밥벌이를 위해 노동을 한다. 우연히 만난 여인과 혼인하고 장인 그늘 아래서 양을 치며 40년의 세월을 보낸다. 과거가 없는 사람처럼 묵묵히 필부匹夫의 인생을 살아간다.

광야는 신비로운 곳이다. 거친 유배지이지만 영웅이 반드시 거쳐야 할 통과의례의 성소이기도 하다. 많은 선지자와 예수님이, 그리고 비천했던 하갈이 거쳐 간 곳이다. 하지만 광야에서 모세는 예수님처럼 금식을 하지도, 세례 요한처럼 금욕적인 삶을 살지도 않았다. 그저 평범한 일상을 살았다. 양을 치고 자식을 기르며 가족과 일과를 나누고 소소한 나날을 지냈다. 왕족이라는 거대한 페르소나를 버리고 한 집안의 가장으로 살아간다. 광야에서 그는 병에 걸린 친척을 돌봤고 가까운 이의 죽음도 지켜보았다. 이 세계에서는 왕족의 지시적인 말투가 오해를 살 수 있다는 것을 알게 된다. 그들과 더불어 살기 위해 추락한 신분을 받아들이려 애쓰고 그들에게 적응해간다. 그렇게 그는 열정의 청년에서 가족을 책임지는 아버지가 되고, 순박한 말로 대화를 나누는 소시민이 되었다. 궁전에서는 배울 수 없던 삶이었다. 옥좌에 앉아 구원환상에 사로잡혔던 청년 시절로부터 멀어졌다. 그는 더 이상 '관찰자'가 아니었다. 동족의 삶으로 들어간 그는 이제 '참여자'가 되었다. 관찰자의 눈으로는 보이지 않던 진실이 보이기 시작했다. 진실은 삶 속으로 스며들어 그의 것이 되었다. 온몸으로 경험하는 '체험'이었다.

이 체험은 동족에 대한 피상적 이해가 아닌 진정한 이해로 나아간다. 이해는 "아, 그랬구나" 하고 고개를 끄덕이는 '행위'에서 그치지 않는다. 누군가의 아픔을 이해한다는 것은, 누군가의 경험을 이해한다는 것은, 상대방의 경험 속으로 '들어가는 것'이다. 공감empathy은 감정이입feeling into이다. 이제 구원환상은 꺼졌다. 그의 영혼은 타인과 더불어 살아가는 소탈하고 성숙한 자아로 거듭난다.

일상에 감사를 모르는 이의 삶은 허망하기 그지없다. 집단의식 속에서 자신의 개인성을 상실하지 않기 위해서는 종종 자기 안으로 침잠해야 한다. 이제 모세 앞에 깊은 침잠의 시간이 펼쳐진다. 그는 거룩한 분, 야훼 하나님을 만날 준비를 하고 있다. 이 세상의 단 한 사람인 모세에게 하나님이 주신 원석(하나님은 우리 모두에게 단 하나의 원석을 공평하게 선물하셨다)을 볼 수 있도록 문을 여는 시간이다. 봄꽃을 피우기 위해 혹한의 나날들이 있듯이 천천히 느리게, 하나님과 모세의 만남이 다가오고 있었다.

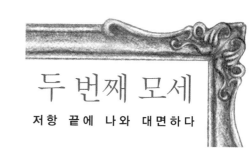

두 번째 모세

저 항 끝 에 나 와 대 면 하 다

나는 누구인가

왕자였던 모세는 거친 광야에서 이전과는 다른 삶을 산다. 부와 명예를 잃은 채 초라하게 살아간다. 처음에는 수치심과 분노에 몸을 떨다가 시간이 흐르면서 양치기인 자신의 모습을 받아들이고 지난 기억들을 지워버리려 했다. 노을 지는 저녁에 그는 가족과 식사하고 대화한다. 언제쯤 풀을 찾아 길을 떠날지, 아이들은 잘 노는지, 하루의 일과를 나누다가 잠이 든다. 느릿느릿 흘러가는 광야의 세월에서 그는 백발이 성성한 노인이 되었다. 신체적·정신적 에너지는 감소하고 더 이상 변화를 꿈꿀 수 없는 황혼에 이른다. 그러던 어느 날, 그 지루한 시간 중에 섬광처럼 특별한 때가 찾아온다.

그날은 평상시처럼 잃어버린 양을 찾으러 시내 산에 올랐다. 한참을 헤매며 양을 찾다가 기괴한 장면을 목격한다. 나무에 불이 붙었는데 나무를 태우지 않고 계속 타오르기만 하는 기이한 광경이었다. 그는 자신의 눈을 의심한다.

'저것은 무엇인가. 내가 지금 꿈꾸고 있는 건가.'

그때 하나님은 모세를 부르신다.

"모세야."

혼비백산한 그는 허둥지둥 묻는다.

"당신은 누구십니까?"

"나는 처음이요 나중이다."

어떤 설명도 단서도 없는 대답이었다. 친절한 설명 없이 단답형으로 대답하신 하나님은 혼란에 빠진 모세에게 즉시 명하신다.

"바로에게 가라."

"애굽의 압제 아래 있는 이스라엘 백성을 구원할 테니 네가 그들을 이끌어내라."

모세는 기가 막히다.

"주여, 내가 누구관대 바로에게 가서 그들을 인도하여 내리이까?"

도저히 납득이 가지 않는다. 정체를 알 수 없는, 신비롭고 두렵고 신성한 존재가 어찌하여 미천한 자신에게 거대한 일을 명하는가. 그것은 권력과 힘이 있는 사람이나 할 일이다. 자신은 살인자요, 비겁한 도망자며, 늙은 양치기일 뿐이다. 그런데 이번에도 하나님은 질문에 그저 "내가 너와 함께하겠다"라고만 하신다. 모세는 다시 한 번 묻는다.

"당신은 누구십니까?"

일차적으로 하나님이라는 대상에 대한 물음이지만 실은 모세 자신에 대한 존재의 물음이기도 하다. 나를 부르는 당신은 누구이며 당신이 부르고 있는 나는 누구입니까?

종종 우리는 자신을 알 수 없는 혼란스러운 순간을 맞곤 한다. 평화주의자라고 자처했지만 자신도 모르게 잔인한 상상에 사로잡히고, 정의롭다고 확신했건만 주차하다가 외제차를 긁고 요란스럽게 울려대는 경적에 혼비백산해서 꽁무니를 빼기도 한다. 가장 알 수 없는 상대는 바로 나 자신이다. 생각해보라. 세상을 살아갈 자신이 없던 당신은 어느 날 책 한 권에 사로잡혀 밤을 지새우다가 새벽녘에 희열을 느낀다. 이상형의 연인과 사랑에 빠져 열정을 바쳤는데 배신당한 후, 다시는 사랑하지 않으리라 맹세했건만 다시 연애에 빠져든다. 그런데 그 대상이 이상형과는 한참이나 거리가 먼 스타일의 사람이다!

낯선 자신이 내 안에서 회오리치면 당혹감과 두려움에 흔들린다. 일과 사랑, 관계에서 우리는 내가 아닌 다른 사람이 되곤 한다. 이런 경험은 날카로운 바람처럼 일상 속에서 잠자고 있던 감각을 흔들어 깨운다. 그러나 대부분은 이 강렬한 느낌을 그저 흘려버리고 만다. "무엇이었지?" 가슴을 툭 건드리는 질문이 오지만 끝까지 끌고 가지 못한다. 이것은 기존의 나에 대한 '앎', 세상에 대한 '앎'을 보류해놓고 '모름'으로 들어가는 일이기에 반드시 집중력이 필요하다. '모름'이란 유쾌하지 않은 상태다. 누구나 많이 아는 사람처럼 보이기 원한다. 밝고 확실한 의식의 상태에서 애매모호하고 불확실하고 희미한 무의식의 상태로 내려가기란 쉽지 않다.

익히 알고 있는 것들은 안정감을 준다. 그러나 거기에는 도전도 없고 생성도 없다. 모호함을 견디는 데는 모험에 따르는 위험을 감수하는 용기가 필요하다. 어떤 철학자는 물음이란 존재로 하여금 스스로를 드러내는 방법인데, 현대인은 더 이상 물으려 하지 않고 묻고자 하는 열정이 마비되어 버렸다고 한탄했다. 물음은 개인의 역사에서 주체로 서기 위한 필수과정이다. 답을 알지 못하는 데 따르는 불편과 불안, 이를 견디는 자아의 태도는 무의식의 검은 파도를 견뎌내는 강한 심리적 그릇이 된다.

저항하는 모세, 수용하는 하나님

"선생님, 이렇게 상담하고 있는데 왜 변하지 않죠? 도대체 변할 수는 있는 건가요?"

그녀는 항상 상담이 자신을 긍정적으로 변하게 할 수 있을지 의구심을 가졌다. 몇 개월간 상담을 했지만 여전히 반복되는 삶의 모습에 좌절하고 있었다. 생각이나 행동이 조금씩 달라지기는 했지만 얼마 안 가 다시 제자리로 돌아오곤 했다. 그녀는 자신이 나쁜 습관과 연약한 성격을 가졌기에 상담을 통해 변신해야 한다고 말했다. 그러나 그녀는 스스로 생각하는 것처럼 낙오자가 아니었다. 삼수 끝에 대학에도 합격했고 취직도 했다. 나는 그녀를 만나는 것이 좋았다. 부드러운 목소리, 호감을 주는 인상, 그리고 자신에 대해 진지했다. 그녀는 지금까지 끌고 왔던 삶을 견디기가 힘들어졌고 그 이유가 무언지, 어떻게 살아야 하는지에 대한 진지한 질문을 들고 찾아왔다. 이렇듯 상담은 자신에 대한 절박한 관심에서 시작한다. 상담에 임하는 태도는 각양각색이다. '나는 노력하지 않을 테니 선생님이 나를 좀 바꿔주세요' 하는 경우도 있고, '오긴 하지만 과연 당신이 무엇을 줄 수 있을까?' 하는 의심의 눈빛을 보내는 사람도 있으며, 반대로 전폭적인 신뢰와 기대를 가지고 오는 이도 있다.

그녀는 나와의 상호작용에서 알게 된 자신의 모습에 놀라워하고 기뻐하면서도 한편으로는 의구심을 표했다.

"정말 그런가요? 글쎄요, 아닌 것 같은데."

나와의 소통은 모호했던 정체성에 형체와 색깔을 입혀주는 새로운 경험이었지만 그녀는 종종 내게 이렇게 말했다.

"선생님은 상담가잖아요. 나를 지지하고 위로해주도록 훈련받은 사람이기 때문에 그렇게 말씀하시는 것 아닌가요?"

"진심이세요? 전문가가 하는 뻔한 말들 아니에요?"

그녀는 상담을 통해 알게 된 자신의 새로운 모습에 놀라움을 느끼는 한편 받아들여서는 안 된다는 저항 속에서 줄다리기를 했다. 지금까지 믿어왔던 자신에 대한 이미지가 워낙 일그러진 데다 그녀의 장점을 북돋우는 치료사의 말을 헛된 유혹으로 느꼈기 때문이었다. 그래서 변화를 갈망하면서도 받아들이기를 거절했다. 그토록 벗어버리고 싶었던 틀 안에 머무르려 했다. 변하고 싶으나 변하려 하지 않는 것, 바로 '저항'이다.

모세 역시 그러했다. 하나님께서 임무를 주셨을 때 "내가 누구관대 그런 엄청난 일을 하겠습니까"라고 묻는다. 그 일을 감당할 만한 자가 아니라는 확신에 명령을 집요하게 거절한다. 자신은 말을 못하는 자라고 한다. 이집트인에게도 동족에게도 거절당했고, 그들은 나를 또 거절할 것이니 다른 사람을 보내달라고 청한다. 자신을 향한 '특별한 지명'이 부담스러웠다. 스스로 생각하는 자신의 모습은 내몰린 '왕따'일 뿐이다. 그러나 모세 스스로가 알고 있는 자신과 하나님이 부르시는 그의 모습은 달랐다. 하나님은 모세의 남루함 속에 빛나는 그 무엇을 세상에 내놓고 쓰라고 하셨다. 그를 지으신 이가 새로운 역할을 부여함으로써 정체성에 새로운 기름부음이 이루어졌다. 이 정체성은 그가 무엇을 성취하고 이루었기에 얻은 결과가 아니라 일방적으로 주어진 것이었다. 그의 자아가 거부할 수 없는 강력한 것이었다. 그러나 모세는 연이어 저항한다. 새로운 정체성을 받아들이려 하지 않는다. "주여, 나는 할 수 없습니다. 말도 안 됩니다. 나보다 말 잘하는 형에게

명하십시오."

그런데 하나님은 한 번도 꾸짖지 않고 모세의 저항을 끝까지 받아주신다. 겁먹은 모세를 이리 어르고 저리 달래신다. 모세가 거절의 이유를 대면 그것에 대한 해결 방법을 일러주신다. 직장 상사가 후배에게 어떤 일을 권유했는데 그가 "저를 잘못 보셨군요. 저는 그런 사람이 아닙니다. 못합니다"라고 거절하는 모습을 떠올려보라. 상사가 할 수 있다며 애써 설득하는데도 후배가 끝까지 사양하는 상황을 말이다. 상사는 자신의 노하우로 후배 안에 잠재된 능력을 인정했지만 정작 후배는 자신의 가능성을 품으려 하지 않고 자신이 알고 있던 모습에만 고집스레 집착하는 것이다. 모세의 고집은 이 후배의 태도와 흡사하다. 그러나 하나님은 집요하게 그를 지지하신다. 모세의 강박을 하나님의 지구력으로 무력화시키는 방식이랄까.

모세의 고집스런 저항은 자신을 모르는 무의식적인 태도에서 기인한다. 누구나 의식이 알지 못하는 자신을 받아들이기란 쉽지 않다. 그러나 모세는 계속 질문하고 대답한다. 자신에 대한 경직된 정의에 갇혀 무의식적 태도에 침잠하기만을 바랐다면 모세는 하나님의 말을 끝까지 거부했으리라. 비록 계속 거부하지만 연이어 들려주는 하나님의 답변에 귀를 기울인다. 모세의 집요한 질문과 거절 이면에는 '확인'에 대한 욕구가 숨어 있다.

'정말일까? 내가 정말 그런 엄청난 일을 할 수 있을까? 아니야.

한때 왕자이긴 했지만 그건 순간의 행운일 뿐이었어. 그래도 한때 꿈꾸었던 그 일을 할 수 있다면, 그럴 수만 있다면… 정말일까?'

느리고 지루하게 흘러가는 광야의 삶에서 한때나마 꾸었던 꿈, 그러나 후회만 가득했던 자신의 충동적인 행동을 지워버리려 노력했는데 이제 힘이 다 빠져버린 늙은 그에게 하나님은 바로 지금이 그때라고 하신다. 정말 내 것인지 믿을 수 없지만, 두렵지만, 그래도 실낱같은 믿음을 붙잡고 싶다. 믿고 싶지만 믿을 수 없기에 거대한 존재에게 연이어 묻는다. 아니라고 저항하면서 간절히 듣기 원한다. "정말 그렇다면 내가 믿게 해주세요."

모세의 저항은 자신에게 부어진 새로운 정체성을 반복하여 확인하는 과정이다. 그렇기에 모세의 저항은, 그리고 내 내담자의 저항은 비겁하고 어리석은 행동으로만 볼 수 없다. 그들의 저항은 새로운 정체성을 위한 지속적인 시공간을 확보하려는 노력이며 자신의 것으로 체화하기 위한 적극적인 시도이기 때문이다.

그녀는 자신에 대한 새로운 앎을 받아들이는 과정에서 '저항'을 사용했지만 치료사의 일관적인 태도와 신뢰를 통해 용기를 내어 보았다. 그녀가 속한 세상에서 조심스럽게 무언가를 시도해보았다. 물론 그 노력들이 늘 성공하는 것은 아니다. 가상한 용기가 또 다른 상처가 되어 심장을 할퀼 때도 있다. 그러나 그녀에게는 소망이 있었다. 치료사와의 관계에서 발견한 자신이 가진 원석의 수줍은 빛을 보았고 그 빛에 자신을 걸어보고 싶었다. 그 빛은 간절

히 바랐던, 그러나 결코 내 것이라 믿을 수 없었던 내 안의 가능성
이었다. 결국 반복하는 시도, 그리고 몇 번의 실패와 성공의 경험
은 투박하고 거친 세월의 편견을 털어내었다. 그녀는 점점 본연의
빛을 찾아갔다. 이전에는 보지 못했던 내면의 빛을 받아들이고 제
자리를 환하게 밝혔다.

심연의 역동

반면 모세를 쫓아갔던 이스라엘 백성들은 어떠했나. 모세는 빛을
향해 다가갔지만 구약의 이스라엘 백성들은 주체성을 잃고 무기
력하게 살아간다. 그들은 기적을 꿈꾸지만 도전하지 않는다. 그들
이 아는 기적은 누군가가 모험 끝에 얻어낸 치열한 열매의 한 조
각일 뿐이었다. 우리도 지겨운 삶 가운데 새로운 일이 생기기를
고대한다. 기적같이 직장 문이 열리고, 연인이 생기고, 화해가 일
어나길 바란다. 그러나 이스라엘 백성들은 출구 없는 자기 인생을
모세와 하나님 탓으로 돌린다. 모세는 기적을 만들어내는 제조기
일 뿐이고 자신들은 그 영광의 부스러기만 얻어먹으면 그만이라
고 생각한다. 남들이 좋다니까 쫓아다니며 집단의식에 휩쓸려서
는 안 된다. 자신의 선택을 타인에게 맡기면 안 된다. 타인에게 맡
겨버린 자는 결과에 대한 책임조차도 타인에게 전가시켜버리는
무책임을 범한다. 우리가 스스로 진정한 삶의 주체가 되려면 각자

의 삶에 운명 같은 부름(그것이 고통이든 환희든)을 듣고 그 부름에
자신을 던져야 한다. 고독한 사유의 공간에 머물며 알 수 없는 막
막한 시간들을 견뎌야 한다. 아마도 질문하는 자신이 낯설고 주변
사람에게도 공감받지 못하기에 외로울 것이다. 그러나 그곳은 개
인성이 싹트는 신성한sanctuary 공간이다. 멈추어 서서 내면을 보
고, 문답하는 종교적인 장소다. 내 안의 성소에서 긴 호흡을 하는
것, 들을 준비를 하는 작업, 이는 집단의 공감을 잠시 포기해야 하
는 위험이 따르기 때문에 용기 있는 자만이 선택할 수 있다.

스페인의 작가 타피에스(Antoni Tàpies, 1923-2012)는 젊은 시절
얻게 된 폐병으로 신체적 고통을 겪었다. 그리고 당시 스페인 내
전과 종전 이후의 세상에서 엄청난 충격과 혼란을 느꼈다. 그는
형이상학적이면서도 사회성을 지닌 기호와 단어들을 그리고, 모
래와 종이, 나무, 흙, 지푸라기와 같은 회상적인 오브제를 사용했
다. 그는 그림 속 공간에 새로운 관점을 부여했다. 그가 그리는 공
간은 19세기 이전 서양에서 생각했던 빈 공간과 의미가 확연히
다르다. 이전에 공간은 고대 그리스 수학자 유클리드의 기하학 체
계에 따라 '어떠한 것'으로 채워져야 하는 텅 빈 진공의 상태였다.
하지만 타피에스는 비어 있는 것이 아니라 살아 있고 움직이는 여
백, 장場으로서의 공간을 표현했다. 그의 공간은 비어 있지 않다.
풍부한 가능성을 안은 채 유기적 조직을 이루며 움직이고 살아 있
다. 타피에스는 뉴턴의 만유인력으로 대표되는 20세기 초 과학자

안토니 타피에스, 〈십자가와 R〉
1975년, 합판 위에 모래·천·돌·페인트·흑연, 165.5×162.5cm, 바르셀로나 현대미술관, 스페인

들의 시각과 궤를 같이 한다. 그는 두 물체가 그냥 있는 것이 아니라 그 사이에 보이지 않는 인력이 존재한다고 생각했다.

이처럼 여호와 하나님과 모세 사이의 여백은 빈 공간이 아니다. 두 존재 사이에 엄청난 인력이 역동적으로 오가고 있다. 묵상과 기도, 침묵이 정적인 것 같지만 타피에스의 그림처럼, 심연의 역동 속에서 진짜 자기를 일깨우는 공간을 만들고 있다. 외관상 아무 일도 일어나지 않은 듯 보이지만 우리의 시공간은 살아 있으며 질문과 사유를 놓지 않는 한 정신의 변화는 일어난다. 삶은 가능성으로 꽉 찬 여백 속으로 내려가 새롭게 부화한다. 당장 납득되지 않더라도, 당장 "예"라고 말할 수 없어도 말이다. "아니오"라고 말하는 데 죄책감을 갖지 않아도 좋다. 지금 여기서 해야 할 일은 나의 솔직한 질문과 물음, 감정과 편견을 드러내는 일이다. 그것이 가져올 혼돈과 갈등, 두려움까지 껴안는 일이다. 그럴 때에 진정한 '나다운 것', 몰랐던 내 안의 원석이 의식의 눈으로 들어오게 된다. 모세가 하나님과 대면하여 던진 질문과 대답은 내면에 숨겨진 두려움과 용기를 드러내고 끝내 더 높은 존재로 도약한다.

우리 안에 숨겨놓았던 질문을 언제 그분 앞에서 펼칠 것인가. 설혹 그것이 반항일지라도 살아 있는 주체로서의 내가 진정성을 가지고 그분에게 반응한다면 어떨까. 의심 없이, 저항 없이 기적을 경험할 수는 없다. 우리 안에는 어찌할 수 없는 의심과 저항, 새로움에 대한 불안이 있다. 우리가 의심할 수밖에 없는 존재이기에 바랄 수 없는 중에 바라는 믿음을 값지게 체험할 수 있다. 우리가 솔직한 자신을 대면하며 내면의 성소를 향해 발걸음을 내딛을 때, 이전의 낡은 옷을 벗고 새로운 정체성을 맞이할 수 있다. 느린 시간 속에, 막연한 듯 치열한 시간 속에서 변화는 어느새 가까이 다가와 있을 것이다.

3
—
부

남과 여

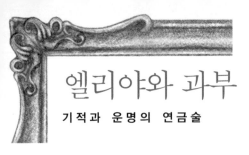

엘리야와 과부

기적과 운명의 연금술

보이지 않는 가능성에 생명을 걸다

세상에는 여러 만남이 있다. 부부, 부모와 자녀, 스승과 제자, 연인, 친구, 동료…. 우리는 이처럼 수많은 관계 속에서 살아간다. 부모와 자녀는 부모에게 일방적인 희생과 사랑의 의무가 주어지는 특별한 관계이다. 엄마의 배 속에서 나온 후 생존 능력이 없는 아기는 부모의 절대적인 도움을 요한다. 자녀가 부모에게 지우는 짐은 결코 가볍지 않다. 양육비를 위해 열심히 일해야 하고, 아기를 어르느라 마음대로 잘 수 없고, 자유가 사라진다. 이 일이 단순한 책임이라면 얼마나 힘겹고 고단할까. 그러나 아기의 미소 한 번에 사르르 마음이 녹는다. 이런 무조건적인 사랑이 내 안에 있었다니, 자식이란 얼마나 기적 같은 존재인가.

언젠가 TV에서 원인불명의 장기 출혈로 13번에 걸쳐 위장 전체와 십이지장, 소장까지 잘라내는 대수술을 받은 네 살짜리 아이를 본 적이 있다. 아이는 채혈 때문에 주사바늘에 수없이 찔리면서도 작은 손을 꼭 쥐고 참아냈다. 하지만 목을 찔리자 고통을 참지 못해 결국 울음을 터뜨렸는데 나도 그만 눈물을 흘리고 말았다. 그때 엄마가 발버둥치는 아이를 제압하며 "나 나쁜 엄마지"라고 입술을 깨물며 신음처럼 내뱉은 말에 아이는 "아니야, 예쁜 엄마"라고 했다. '나쁜'과 '예쁜' 사이에 깊이 울리는 감정이란…. 이처럼 부모 자식의 연은 어떤 말로도 설명할 수 없이 특별하다. 그들은 인생의 다른 단계를 살아가고 있더라도 운명처럼 엮이며 서로가 맞닥뜨린 삶의 과제를 살아내도록 자극한다.

성경에는 영웅적으로 그려진 여성들이 있다. 사사 드보라, 에스더, 기생 라합, 성모 마리아 등 그녀들은 나라를 구하거나 메시아를 낳은 거대한 원형적 여성들이다. 하지만 성경은 지극히 평범한 한 아낙네의 삶도 조명한다. 그녀는 과부였고 사별한 남편 사이에서 외아들을 하나 둔 가난한 어머니였다. 성경에는 그녀의 이름도 언급되어 있지 않다. 이름도 부여되지 않을 만큼 존재감 없는 그녀는 끼니를 연명하기 위해 궂은일을 도맡았다. 아들이 몇 살인지는 모르겠지만 과부인 엄마가 먹여 살려야 하는 것으로 미루어보아 아직 어린아이인 것 같다. 생존에 급급한 시절에 짐작컨대 억울한 일도 많이 겪었을 것이다.

지독한 가뭄 속에서 그녀는 땔감으로 쓸 나무를 줍다가 자기만큼 남루한 선지자 엘리야를 만난다. 엘리야는 자신을 죽이려는 서슬 퍼런 이세벨 여왕의 눈을 피해 동굴에서 숨어 지냈으니 행색이 초라하기 이를 데 없었다. 그런 엘리야가 그녀에게 물을 달라고 한다. 그의 요구에 그녀는 별말 없이 물을 길러 간다. 극심한 가뭄으로 물을 구하기 힘들었을 텐데 그녀는 기꺼이 낯선 나그네에게 물을 준다. 사실 그녀는 이 땔감으로 불을 때고 마지막 남은 밀가루로 빵을 만들어 아들과 함께 먹은 후 죽으려고 했다. 발버둥 쳐봐도 가난의 굴레에서 벗어날 수 없는 나락에 이른 것이다. 아들이 배가 고파도 아무 것도 해줄 수 없는 무능한 자신, 아이가 울 때마다 생살이 찢어지는 듯한 아픔과 비정한 세상에 대한 탄식에 신음한 지 오래였다. 사는 게 죽는 것보다 더 고통스러웠다. 희망에 대한 기약 없이 사느니 아들과 함께 마지막 음식을 먹고 세상과 이별하리라 결심했다. 이러한 과부의 사연이 어디 과거에만 있는 일이겠는가. 현란한 소비문화에 의한 물질만능의 시대를 살고 있는 지금도 여전히 일어나는 현실이다.

얼마 전, 이혼한 어머니가 아이의 운동화가 찢어졌는데 새 신발한 켤레 사줄 수 없는 처지에 절망하여 동반 자살한 일이 있었다. 어머니는 그 누구도 원망하지 않고 사랑하는 딸과 천국에서 행복해지고 싶다는 유언을 남겼다. 사람들은 그들의 선택을 동정하기도 했고 비난하기도 했다. 어머니의 판단이 옳다고 할 수는 없지만 잔인한 인생을 자식에게 물려주고 싶지 않았던 그녀의 아픔은 그 입장이 되어보지 않고서는 함부로 말할 수 없으리라.

그럼에도 죽음 앞에 선 과부는 물을 달라는 나그네의 요청을 들어준다. 공허한 얼굴을 들고 마른 장작 같은 다리를 끌며 물을 길러 간다. 그렇게 엘리야가 과부에게 말을 걸고 이에 응답함으로 두 사람 사이에 특별한 만남이 시작한다. 그런데 그는 그녀에게 더한 요구를 한다.

"나를 위해 빵도 좀 갖다주시오."

뻔뻔하기 그지없는 엘리야의 요구에 발끈한 그녀는 "내내 굶다가 마지막 밀가루로 빵을 해먹고 아들과 함께 죽으려 한다"고 내뱉는다. 그 말은 "지금 내 자식도 먹이지 못해 굶어 죽으려는 마당에 당신에게 줄 빵이 어디 있느냐"는 뜻이 아닌가. 그러나 엘리야는 그녀가 하나님께서 자기를 돕도록 부르신 사람이라는 것을 알고 있었다. 그래서 그녀의 절망에 아랑곳하지 않고 당당하게 빵을 청한다. "내게 빵을 주면 너의 곡간에서 밀가루가 떨어지지 않을 것이다."

흥미로운 것은 나그네의 이 억지스런 말에 과부가 응한다는 사실이다. 이 밀가루가 얼마나 간절한 양식이었을까. 얼마나 자식을 먹이고 싶었을까. 살아 있을 때 아들에게 먹일 수 있는 마지막 빵일지도 모른다. 그러나 그녀는 남은 가루를 다 털어 아무 상관없는 나그네에게 빵을 만들어준다. 어떻게 그럴 수 있었을까. 그녀는 죽음을 원하는 것 같았지만 사실은 간곡히 삶을 원하고 있었기 때문이다. 원래 이 빵은 사랑하는 아들이 먹을 빵이었다. 그것은 생명의 빵이 아니라 먹고 죽어야만 하는 죽음을 담보한 빵이었다.

그런데 엘리야가 그 빵을 자신에게 주면 생명을 얻게 된다고 말했다. 그녀는 아들에게 죽음의 빵을 먹이기보다 희망, 보이지 않는 가능성에 생명을 건다. 눈물로 반죽한 빵이었다. 어머니의 숨으로 구운 마지막 빵이었다. 엘리야는 주린 배를 채웠다. 그리고 그녀는 기적을 맛보았다. 나그네의 예언대로 가난한 모자의 그릇에서 밀가루와 기름이 떨어지지 않은 것이다!

그녀는 엘리야에게 우리 모자가 마지막 빵을 먹고 죽으려 한다고 고백함으로써 자신이 가진 것이 없는 자라는 사실을 보여준다. 양식뿐 아니라 영혼마저 바닥난 극심한 소실 상태였으니, 살아 있으나 죽은 것과 다름없었다. 융은 인간 정신의 발달을 중세시대에 화학 실험을 통해 금을 만들고자 했던 연금술의 상징을 빌어 설명했다. 여인의 상황은 '납'과 같은 상태다. 고귀한 금의 상태와는 대극으로, 미천하고 값어치 없어 보이는 죽은 상태다. 그런데 융은 납 속에 '신'이 갇혀 있다고 했다. 여기서 '신'이란 개개인 안에 신이 은총으로 심어준, 진정한 자신으로 태어나게 만드는 씨앗이다. 그러므로 납 속에 밀봉된 씨앗을 해방시켜야 하는데 그 일이 쉽지 않다. 납이 금으로 변하려면 시간과 공을 들여 불을 때야 한다. 그동안 연금술의 그릇 안에서는 엄청난 역동이 일어난다. 물질이 분해되고 부딪히면서 새로운 물질의 단계로 들어간다. 금으로의 이행과정은 하나의 사건 그 이상의 의미를 지닌다. 엄청난 고열로 밀폐된 그릇 속에서 물질이 섞이면 고유의 성질을 잃어버리듯 강렬한 경험이 일어나는 것이다.

진정한 존재를 위한 신의 초대

놀랍게도 그녀는 두 차례나 기적을 경험한다. 첫 번째는 그릇에서
밀가루와 기름이 끊이지 않는 경제적 기적이고, 두 번째는 아들이
병으로 급사했다가 다시 살아나는 영적인 기적이다. 엘리야는 배
를 불린 후 떠나지 않고 그녀의 집에 머무는데, 오랜 피난 생활을
한 터라 심신을 쉬고 싶은 까닭도 있겠지만 그보다 깊은 의미가
있다. 그녀는 물질의 기적은 경험했지만 정신의 변화는 아직 미미
하다. 그녀는 첫 번째 기적을 통해 "아, 내가 경험한 고통의 무게
를 신이 알아주었구나. 이제 먹고사는 게 해결되었으니 감사하
다"라고 느꼈을 뿐이다. 그 이상의 통찰이 없다. 이 나그네가 누구
인지, 자신에게 일어난 기적의 의미를 찾지 못한다. 당장 생존의
문제가 해결되었으니 원하던 삶이 이루어졌고 그러니 다행이다.
엘리야는 그녀에게 신비한 능력으로 행운을 가져다주는 '부적' 정
도의 의미였다. 사람들은 삶에서 일어나는 특별한 경험을 그냥 흘
려보낸다. 좋은 일이면 그저 행운이고 나쁜 일이면 재수가 없다고
치부한다. 혹은 이 여인처럼 의식주가 해결되면 더 좋은 직장, 더
많은 돈, 더 안락한 환경을 위해 살아갈 뿐이다. 이렇게 눈에 보이
는 것을 추구하는 삶에서 이해와 해석을 통한 새로운 의미를 찾는

삶의 태도, 이것은 단 한 번의 사건으로 완성되지 않는다. 정신의 변화는 죽음과 재생의 사이클을 통해 일어나며 이를 통해 사람은 단단하고 성숙해진다.

이제 그녀는 또 하나의 기적을 지척에 두고 있다. 이것은 반드시 또 다른 에너지의 고갈과 소실을 동반한다. 양식이 없어 죽을 뻔했던 아들이 배부르게 먹었지만 어이없게도 병으로 죽은 것이다. 먹고사는 문제가 해결되면 행복하리라 생각했던 그녀의 믿음이 산산조각 나는 순간이다. 이전에 누린 기적의 감격이 재앙의 원천이 되어버렸다. 길을 잃고 헤매던 이가 당장 갈증을 채우면 끝인 줄 알았는데 더 큰 위험, 즉 사막의 용이 그를 삼키려고 달려든다. 그녀는 엘리야를 향해 소리친다.

당신이 나와 더불어 무슨 상관이 있기로 내 죄를 생각나게 하고 또 내 아들을 죽게 하려고 내게 오셨나이까(열왕기상 17장 18절).

엘리야는 죽은 아들 몸 위로 자신의 몸을 포개고 간곡히 세 번 기도한다. 그리고 아들은 다시 살아난다. 그녀는 엘리야를 통해 또 하나의 기적, 죽은 영혼이 살아나는 영적 기적을 체험한 것이다. 그제야 그녀는 비로소 닫혀 있던 눈을 뜬다.

내가 이제야 당신은 하나님의 사람이시요 당신의 입에 있는 여호와의 말씀이 진실한 줄 아노라 하니라(열왕기상 17장 24절).

이 고백은 그녀가 한 개인으로서의 엘리야를 신뢰하게 되었다는 이상의 의미를 담고 있다. 자신이 먹고사는 데 연연하는 한정된 존재가 아니라는 전폭적인 깨달음이다. 자신을 둘러싼 이 상황너머 더 큰 이의 존재를 보고 그 존재가 굉장한 집중력과 무게로 자신을 보고 있다는 것을 알아차린다. 하나님의 말씀이 자신의 체험이 되어 인생의 가치가 확장된다.

엘리야는 은둔 중에 이들 모자를 만났다. 무력한 은둔자는 절망에 빠진 두 사람에게 하나님의 기적을 경험케 했다. 그리고 아합왕 앞에 다시 서는 날까지 안식을 얻었다. 하나님은 절망에 빠진 그들을 만나게 하셔서 기적을 함께 경험하고 각자 삶의 의미를 찾게 하셨다. 치료사와 내담자의 만남과 변화도 이와 같다. 치료사의 능력과 더불어 내담자의 협력이 함께 이루어져야 변화가 온다. 그런데 변화는 과부의 경우처럼 한 번의 사건으로 이루어지지 않는다. 두 사람의 심리적 공간에서 일어나는 풍부한 감정과 경험들이 솟구쳐야 한다. 끝은 알 수 없지만 이미 시작된 경험에 두 사람이 함께 참여해야 한다.

그곳에서 치료사는 내담자의 수많은 내적 대상들을 만난다. 동시에 치료사에게 존재하는 내적 대상들이 자극되면서 둘의 만남이 아니라 내담자와 치료사의 내적 대상들, 즉 서너 명, 혹은 그 이상의 인격들이 만난다. 그러는 가운데 때로는 산들바람 부는 숲 속을 거니는 신선함을, 수렁으로 빠져 들어가는 듯한 당혹감을, 때로는 강물처럼 솟아나는 슬픔을 경험한다. 두 사람은 해체되고, 찢기고, 신성한 결혼을 했다가 분리되고, 죽었다가 살아나는 연금술의 과정을 겪는다. 이때 치료사는 사랑과 지식만으로 해결할 수 없는 인생의 거대한 파도가 있음을 대면한다. 모든 것을 동원해도 결코 나아지지 않는 절망의 끝이 보일 때가 있다. 그럴 때는 자신의 한계를 겸허하게 인정할 수밖에 없다. 그리고 그를 위해 기도할 수밖에 없다. 연금술사들도 금을 찾기 위한 숱한 시도 끝에 무릎을 꿇는다.

"할 수 있는 것을 다 했으니 나머지는 당신의 손에 맡깁니다."

그렇게 내맡기는 자기포기의 시간에서 치유의 손길이 섬광처럼 '우리'에게 찾아온다. 치료사의 노력에서 온 것도, 내담자의 분투에서 온 것도 아닌 저기 먼 곳에서 온 빛이다. 아니, 그것만으로 충분치 않다. 마치 모든 과정을 지켜본 이가 있다는 듯, 이제 때가 이르렀다는 듯 무릎을 일으켜 세우는 거대한 존재의 손길을 느낀다. 초라한 자아가 신과 조우하는 신성한 시간이다.

프리드리히의 그림을 보라. 두 남녀가 달빛 아래 서 있다. 연인일까, 부부일까. 달을 보며 이야기를 나누는 그들은 한없이 다정해 보인다. 낭만주의 화가 프리드리히(Casper David Friedrich, 1774–1840)는 어린 시절, 동생과 얼음 위에서 놀다가 얼음이 깨지며 동

프리드리히, 〈달을 응시하는 남자와 여자〉
1824년, 캔버스에 유채, 34×44cm, 베를린 구 국립미술관, 독일

생이 강물 속으로 사라지는 모습을 목격한 트라우마가 있었다. 그 사건으로 프리드리히는 내면에 깊은 우울의 정서를 지니게 된다. 그래서 그의 그림에는 사람이 거의 나오지 않는다. 늦은 나이에 결혼한 후에야 외로운 풍경에 사람을 그리기 시작했다. 그런데 대부분의 인물을 뒷모습으로 그린다. 사랑하는 아내 역시 뒷모습으로 서 있다. 아내를 정면으로 그릴 수 없었던 그의 마음은 무엇이었을까? 관계에 대한 두려움이었을까?

설혹 그렇다 해도 휘영청 떠 있는 달을 바라보는 두 남녀는 더없이 친밀해 보인다. 어둡고 막막한 숲일지라도 함께 있기에 달빛의 아름다움을 만끽할 수 있다. 이 그림에서 색채는 각기 드러나기보다 사람과 자연 속에 잔잔하게 번지고 스며든다. '그대 있음에 내가 있는' 관계의 신비로운 빛이다. 달빛을 통해 어둠에서 윤곽을 드러내는 두 사람. 함께함으로 어둠이 두렵지 않은 두 사람. 달빛이 화가의 죽은 동생에 대한 죄책감과 슬픔을 따뜻하게 어루만져주는 듯하다. 이렇듯 당신이 함께하여 누릴 수 있는 세계가 있다. 그곳에는 결코 나 홀로 피어날 수 없는 그런 세계다.

존재의 빛으로 스며드는 너와 나

두 번의 기적 이후 엘리야는 모자와 3년을 보낸다. 그들은 긴 시간을 거치며 천천히 정신의 변화를 맞는다. 연금술이 질료를 변화시켜 금을 만드는 것이라면 심리학은 인간관계를 변화시켜 '내적 아기'를 탄생시키는 일이다. 새롭게 태어난 내적 아기로 여인은 더 이상 존재를 허비하지 않고 삶에 숨겨진 의미를 찾는 깊은 눈을 지니게 된다. 3년이 지난 후, 엘리야는 아합 왕에게 가기 위해 다시 길을 나선다. 서로의 영혼을 적셔주는 단비 같은 시절은 끝났다. 엘리야는 세상 밖에서, 과부는 엘리야 없는 일상에서 새로운 정체감으로 살아간다.

　과부와 엘리야는 다른 두 사람이지만 상징적으로 볼 때 한 사람이기도 하다. 엘리야는 과부의 무의식에 존재하는 치료자이자 지혜자의 원형이다. 과부는 엘리야의 내적 인격이다. 그런데 이 원형은 황금마차를 타고 오지 않았다. 초라한 행색으로 찾아와 그녀의 자아를, 그의 자아를 만난다. 그들의 의식은 방랑자로 다가온 지혜자 원형을 있는 그대로 받아들였다. 이렇듯 지혜의 빛은 과장 없이, 자아의 한계를 그대로 비추며 진실하게 다가온다. 나로 하여금 세상을 보는 새로운 눈을 뜨도록 도와준 타자가 있었는지 떠올려보자. 당신의 경험은 당신만의 것이 아니었을 것이다. 당신의 존재에 의미를 주고 세상을 더 넓게 이해하는 자극을 준 그 사람 역시 당신을 통해 의미 있는 경험을 부여받는다. 상대가 그 경험을 의미 있게 소화하는지의 여부는 당신 몫이 아니다. 그것은 그 사람의 몫이다. 다만 의미 있기를 간절히 바랄 뿐이다. 이렇듯 나와 당신, 우리는 서로에게 의미 있는 현상을 주고받으며 기적을 생성해가는 사람들이다. 그들은 내 인생에 무엇을 던져주는 자인가? 그들과 나 사이에서 일어나고 있는 이 우연 같은 일은 무엇을 각성시키고 있을까? 그/그녀를 통해 볼 수 있는 내 안의 모습은 무엇일까? 이렇게 돌아보고 질문하며 당신의 자아는, 엘리야가 영혼의 빵을 먹고 성장한 것과 같이, 삶의 소소한 기적을 경험하게 된다.

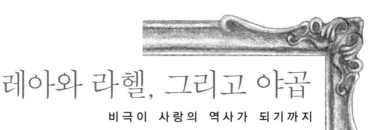

레아와 라헬, 그리고 야곱

비극이 사랑의 역사가 되기까지

서로의 그림자

내게는 언니와 남동생이 있다. 어린 시절, 나는 친구들과는 달리 바지만 입었고 남자아이들과 노는 걸 좋아했다. 그래서 남동생과 마당에서 축구를 하거나 로봇 만들기에 심취했다. 그런데 사춘기로 접어들면서 언니와 더 많은 시간을 보내게 되었다. 여자로 성장하는 과정에서 비로소 언니에게 같은 성性이라는 동질감을 느꼈던 것이다. 자매인 우리는 같은 호기심을 가졌다. 같이 피아노를 치며 노래도 부르고 쇼핑도 하고 이성에 대한 이야기도 나누었다. 남동생이 서운해하기도 했지만 같은 여성이었기에 순리대로 자매애를 공유하게 되었다. 언니는 나보다 몇 년 앞서 여자의 삶을 살고 있었고, 언니를 통해 여성으로서의 내 미래를 미리 생각하곤 하였다. 결혼을 앞둔 언니가 불안과 설렘을 느끼는 모습, 음악교사가 되어 사회생활을 하는 모습, 임신을 하면서 일과 가정 사이에서 고민하는 모습, 아이를 키우는 고단함과 행복을 모두 지켜보면서 많은 질문을 하게 되었다. 결혼이라는 게 뭘까, 아기 엄마에게 일은 무슨 의미일까, 저런 상황에서 나는 어떤 선택을 할까…. 자매는 이처럼 본능적인 친밀함을 느끼며, 서로를 통해 자기를 비추어 볼 수 있는 가장 가까운 타자이다.

> 라반에게 두 딸이 있으니 언니의 이름은 레아요 아우의 이름은 라헬이라. 레아는 시력이 약하고 라헬은 곱고 아리따우니 야곱이 라헬을 더 사랑하므로 … (창세기 29장 16-18절).

레아와 라헬은 성경에서 찾아보기 어려운 관계인 자매이다. 이들의 이야기는 같은 피를 타고 났지만 비슷한 점보다는 다른 점이 더 부각된다. 신약의 마르다와 마리아도 그랬고 구약의 레아와 라헬도 마찬가지다.

레아와 라헬은 모든 면에서 달랐다. 성격도, 외모도, 가족 내 위치도 판이하게 달랐다. 레아는 그다지 아름다운 편이 아니었다. 반면 라헬은 외모가 뛰어났다. 야곱은 아름다운 라헬에게 첫눈에 반해 사랑에 빠진다. 성격도 달랐다. 레아는 보통 장녀들처럼 부모의 권위에 순응적이었던 것 같다. 그녀는 야곱과 라헬이 사랑한다는 사실을 알면서도 아버지 라반의 명령을 어기지 못하고 어둠 속에서 라헬인 척 연기하며 첫날밤을 보낸다. 다음 날 아침, 전말을 알게 된 야곱이 분해서 라반에게 나를 왜 속였냐며 따진다. 정말이지 여성으로서 수치스럽기 짝이 없는 일이다. 명색이 첫날밤인데 동생 행색을 한 것도 모자라 남편이 된 남자가 실망하여 저리도 분을 내다니. 신부 측의 잘못이라 해도 그녀 입장에서는 가혹한 처사다. 레아가 야곱을 사랑해서 그 모욕을 감수했는지는 알수 없다. 하지만 그녀는 이후에도 자신을 사랑하지 않는 야곱을 지아비로 모시고 순종하며 인내하는 모습을 보여준다. 성경은 그녀가 '부드러운 눈매'를 가졌다고 묘사함으로써 모성적이며 따뜻한 성품을 지녔음을 암시한다. 실제로 레아의 아들이 최음제로 사용하던 '합환채'를 따다가 자기 어머니에게 가져다주는 이야기가나온다. 어머니가 아버지의 사랑을 받지 못하여 괴로워하자 아들이 상심한 어머니를 위로하고자 한 것인데, 이를 보면 아들이 어머니를 각별히 사랑했음을 알 수 있다. 레아 역시 아들을 출산할때마다 "내 기도를 들으셨으니 하나님을 찬양하라"며 감격한다. 레아의 성적 매력은 강조되지 않았지만 모성적 이미지가 강한 여성이었다.

반면 라헬은 부드럽고 순종적인 언니와 달리 자기 분을 참지 않고 폭발하거나 하고 싶은 것은 반드시 하고야 마는, 당돌하면서다소 이기적인 성향을 보여준다. 라헬은 언니가 연이어 아들을 낳자 질투에 휩싸여 야곱에게 분을 낸다. "나도 아기를 낳게 해줘! 안 그러면 바로 죽어버리고 말 거야!"

그러나 노력해도 아기가 생기지 않자 라헬은 자기 종 빌하를 통해 대신 아들을 낳게 한다. 빌하가 아들을 낳자 "언니와 경쟁해서 내가 이겼어"라며 드러내놓고 즐거워한다. 또 레아의 아들이 가져온 합환채를 빼앗으려다가 언니와 분란을 일으킨다. 그녀의 성격은 드라빔 도둑 사건에서도 잘 드러난다. 야곱이 라반의 집에서 가족과 재산을 가지고 도망칠 때 라헬은 친정아버지 라반의 수호신인 드라빔을 훔친다. 드라빔은 우상이지만 동시에 집안의 재산에 대한 법적 소유권을 증명해주는 물건이기도 했다. 신앙이 분명히 정립되지 않았던 라헬이 드라빔을 훔친 이유는 그것을 행운을 주는 신물神物로 여겼던 까닭도 있지만, 나아가서는 남편을 종처럼 부리고 억울하게 이용했던 아버지에 대한 반항심 때문이기도 했다. 남편의 늘어나는 재산을 시기하고 모함하는 아버지와 오빠들에 대한 분노, 삶을 제대로 받지 못한 억울함을 풀고자 언젠가 자기 몫을 주장할 근거를 마련하고자 했던 것이다.

라반이 딸들과 사위, 그리고 자신의 드라빔이 사라졌음을 뒤늦게 알고 그들을 잡아 짐을 수색할 때도 라헬은 무력하게 전전긍긍하고 있지만은 않았다. 말 등에 드라빔을 숨기고 그 위에 재빨리 올라타서는 "아버지, 제가 월경 중이에요. 일어나 아버지를 맞이하지 못하니 이해해주세요"라고 그럴싸한 연기까지 한다. 이런 면에서 라헬은 순응적인 여성이기보다는 이기적이지만 자기 욕망을 솔직하고 적극적으로 추구하는 여성이었던 것 같다. 게다가 순발력이 있다. 일촉즉발의 위험 앞에서 재빠른 판단과 실행으로 위기를 모면하는 기지가 있었다.

이렇게 레아와 라헬은 자매이지만 곰과 여우, 착한 딸과 나쁜 딸, 구세대와 신세대, 엄마와 여자로 대비될 만큼 다르다. 안타깝게도 자매는 야곱이라는 한 남자를 사이에 두고 경쟁하며 서로가 가지지 못한 것을 질투하고 갈등한다. 레아는 라헬의 아름다움과 남편의 사랑을, 라헬은 레아의 자식들과 억울하게 빼앗긴 정실로서의 위치를 질투하며 서로가 가진 것을 평가절하한다. 경쟁하는 자매의 역사는 민담이나 동화에서 되풀이되어 왔다. 〈콩쥐팥쥐〉, 〈신데렐라와 언니들〉, 〈장화홍련〉 등 자매는 얼마나 애처롭고 강렬하게 싸움을 벌여왔는가. 분석심리학에서는 자매의 관계를 우리 인격의 대극적 측면의 상징으로 보았다. 한쪽은 의식적 측면을, 다른 한쪽은 의식적 측면에서 미분화된 그림자적 측면을 나타낸다. 그런 면에서 레아의 그림자는 라헬이며 라헬의 그림자는 레아다. 그림자는 무엇인가? 그림자는 개인의 의식에서 추방당한 정신의 한 부분이다. 의식의 기준에서 보았을 때 열등하다고 여겨지는 것들을 억압하고 이는 정신의 그림자가 된다.

열심히 신앙생활하는 어떤 청년이 있었다. 그러나 사회생활은 실패의 연속이었다. 어디를 가든 처음에는 사람들과 잘 지내지만, 시간이 지나면 갈등이 생기고, 이내 사람들과의 관계가 깨진다. 청년은 순수한 영적세계를 조금이라도 오염시키는 것들을 말씀으로 쪼개고 정죄하여 회개시켜야 한다고 믿는다. 오로지 진지하기만 한 그는 청년이 아니라 노인처럼 느껴진다. 사람들은 그에게 농담을 건네기가 어색하다. 먹고 자고 입는 문제를 말하면 세속적이라 판단당할 것 같다. 그는 다른 사람들이 편하게 다가갈 수 없는 어려운 사람이 되어버렸다. 무엇이 문제일까. 그의 안에 신앙적 열정은 있지만 놓치고 있는 부분이 있었다. 바로 우리가 '인간'이라는 사실이다. 완벽에 대한 그의 추구는 자신이 한계가 있는 인간임을 수용하고 인정하지 못하는 태도에서 나온다. 완벽을 추구하는 것은 내면 깊은 곳에 있는 불안과 좌절을 보상하려는 의도다. 완벽에 대한 강력한 추구 앞에서 그의 '인간됨'과 '자연스러운 욕구와 감정들'은 정죄를 받아 억압된다. 사람들이 그의 앞에서 느낀 불안은 그가 강박적으로 통제하고자 하는 자신의 불안을 관계 속에 투사했기 때문일 수도 있다. 타인에게 투사된 그의 불안은 타인을 쩔쩔매게 하는 대신에, 자신은 완벽이라는 방패로 무장하여 스스로를 보호한다. 이렇게 자신의 의식이 '옳지 않다' '나쁘다' '저급하다'라고 판단하여 억압하거나 배제시킨 자기 정신의 측면이 그림자다.

비극적인 자매의 역사

이러한 그림자의 투사는 가족이나 공동체와 같은 집단적 형태로도 나타난다. 10여 년 전, 미국에 머문 적이 있었다. 나는 게스트하우스를 하던 어느 목사님 댁에 잠시 묵고 있었는데 어느 날, 목사님이 한국인 노숙자 두 명을 집으로 데리고 왔다. 그 중 한 명은 노숙자였지만 왠지 지적인 분위기를 풍기는 사람이었다. 어쩌다면 타국에까지 와서 홈리스 신세가 되었을까 의아하고 안쓰러웠다. 어느 봄날, 게스트하우스 마당 가운데 울창한 나무 아래서 그가 말문을 열었다. 자신은 가족이 모두 교수인 교육자 집안의 아들인데, 다른 가족과 조금 달랐다고 했다(어떻게 달랐는지는 구체적으로 말하지 않았다). 그는 거기까지만 이야기하고 고개를 숙였다. 더 물을 수 없는 깊은 고통이 그의 눈동자에 어려 있었기에 나도 침묵할 수밖에 없었다.

간혹 집안 분위기에 순응하지 못하는 사람들이 있다. 그런 경우 그는 가족에게 '이단아'로 여겨지기 쉽다. 사람들은 때로 익숙하지 않은 낯선 것에 대한 경계를 '저급한 것', '수준이 낮은 것', '이상한 것'이라고 평가절하하며 무시하는 방식으로 표현한다. 이렇게 '다름'으로 외면당한 사람은 가족의 집단적 투사를 받아 그 집안의 그림자가 된다. 사회에서 성공한 가족의 빛나는 외적 모습 뒤에 있는 어두운 측면들을 부정한 채, 다른 구성원에게 어두운 측면을 투사하여 희생양으로 만드는 것이다. 그가 '악하다'라고 멸시받을수록 그로 인해 고통받는 다른 가족들은 그만큼 '선해지는 것'이다. 이렇게 그림자는 개인적으로든 집단적으로든 외부로 투사된다. 그토록 경멸하는 그/그녀가 가진 특성들이 실은 내가 외면해버린 내 그림자임을 알지 못한다. 그래서 레아와 라헬은 서로에게 투사하는 두 사람이면서 동시에 의식과 그림자로서의 한 사람이다.

한 남자를 남편으로 공유하면서 이들 자매는 본격적으로 분열한다. 만약 언니(여동생)가 만나는 남자친구가 평소 내가 꿈꾸던 완벽한 이상형이라면 어떻겠는가? 당연히 부러울 테고, 그 부러움이 싱글인 자매의 공상 속에서 무럭무럭 자랄 수도 있다. 결국 드라마의 이야기처럼 남모르는 외사랑을 키울 수도 있다. 이런 일들은 자매들이 성장기에 겪을 수 있는 있을 법한 일이다. 한때의 귀여운 해프닝으로, 그렇게 미소 짓는 추억으로 남을 수도 있다.

이러한 한때의 소녀 감정이 가족사의 비극으로 변질되어 버렸다. 이 비극은 자매의 아버지 라반의 비인격적이고 폭력적이며 교활한 행동에서 촉발되었다. 라반은 야곱에게 라헬과 혼인하라고 거짓말하고는 첫날밤에 라헬 대신 레아를 들이게 했다. 어둠 속에서 감쪽같이 속은 야곱은 율법에 따라 어쩔 수 없이 사랑하지도 않는 여자를 정실로 맞아들이고 사랑하는 여자를 후실로 맞아야 하는 기막힌 상황에 처하게 된다. 도대체 이 아비는 무슨 생각으로 그런 만행을 저질렀을까. 어떤 아버지였기에 이런 무모한 짓을 벌였을까. 그가 가만히만 있었으면 레아는 야곱에 대한 슬픈 짝사랑을 추억으로 간직할 수 있었을 텐데. 그리고 사랑하는 남자와 결혼한 동생이 언니와 적이 될 일은 없었을 텐데. 만약 레아가 야곱을 사랑하지 않았다면, 사랑하는 사람들이 결혼하는 당연하고 자연스러운 일이 되었을 텐데 말이다.

라반은 욕심 많고 교활하고 자기중심적인 인물이었다. 그는 두 딸을 미끼 삼아 야곱을 있는 대로 착취하고도 정작 줘야 할 임금을 열 번이나 주지 않았다. 딸과 사위의 재산이 늘어나자 이를 시기했으며 자기의 몫을 가지고 도망가는 야곱을 죽이려고까지 했다. 가족을 자기 욕망의 도구로 이용하는 자기애적 인물이면서 부성이 결핍된 아버지였다. 그는 두 딸을 한 남자에게 시집보내고 레아에게는 상처를, 라헬에게는 상실을 밀어 넣는 폭력을 휘둘렀다. 라반은 레아와 라헬의 인권을 철저하게 무시했다. 레아가 야곱으로부터 받게 될 여자로서의 모욕과 수치 따위는 안중에도 없었다. 라헬이 야곱을 사랑하는 것을 알면서도 딸의 순정이나 그녀가 받을 상실 또한 고려하지 않았다.

그가 왜 이런 비정한 짓을 저질렀는지 성경에 상세히 드러나 있지는 않다. 정황상 아름답지 않은 장녀 레아를 먼저 시집보내려는 의도였고, 딸들을 이용해서 일 잘하는 야곱을 묶어두려는 계략이라고 추측할 뿐이다. 언급했듯이, 레아는 아버지의 명령에 무력하게 순응한다. 그녀들의 어머니가 그래 왔던 것처럼 스스로 손발을 묶은 채 아버지의 추상같은 명령에 따른다. 전통과 아버지에 대한 순응으로 그녀는 아들을 많이 낳는다. 그녀는 가부장제에서 요구하는 출산과 생산이라는 여성적 가치를 실현했고, 전통적 모성에 부합하는 자신의 자원들을 적극 활용했다.

반면 라헬은 그런 아버지에 대한 분노를 드러낸다. 어쩔 수 없이 따르고 참으며 살고 있지만 친정을 믿지 않는다. 딸들을 배려하지 않는 아버지의 폭력성과 딸들의 늘어나는 재산을 시기하는 친정식구에게 치를 떤다. 분노는 포화상태에 이르러 아버지를 떠나고 아버지가 그토록 아끼는 드라빔을 훔치는 데 이른다. 적어도 그녀는 레아처럼 무기력하게 주저앉아 있지 않는다.

그녀들은 각자 가진 것으로 치열하게 경쟁한다. 그러나 레아는 여전히 외롭고 라헬은 여전히 부족하다. 그녀들은 서로가 가진 것을 부러워하며 서로를 깎아내린다. 부정적인 아버지의 사슬 아래서 딸들은 그렇게 족쇄에 묶이고 말았다.

가부장제의 전통에서 자란 딸은 일하고 들어오는 아버지를 보며 바깥 세상에 대한 상을 그린다. 이는 곧 사회에 대한 상을 형성하는 기초가 된다. 아버지는 자연 상태에 놓인 딸에게 사회문화적인 틀을 제공하여 차츰 사회에 적응하게 돕는 중요한 역할을 한다 (현대에 와서는 여자의 사회참여로 이러한 구도가 변하고 있다). 만약 아버지가 딸이 어렸을 때 지나치게 폭력적이거나 무관심할 경우, 딸은 부성 콤플렉스에 사로잡혀 부정적인 아버지의 영향을 받는다. 아버지가 너무 무섭고 권위적이면 그릇된 부성원리가 딸의 삶 전반에 핵심적으로 기능하면서 종종 여성이 남성과 맺는 성적 관계나 세상을 대하는 태도에 부정적인 영향을 미치고, 여성으로서 자신에 대한 상이 일그러질 수 있다. 남성에게 쩔쩔매며 수동적으로 굴복하거나, 반대로 남성성을 과도하게 발달시키거나, 다양한 본능을 억압하게 된다. 예를 들어 성 에너지를 억압시켜 과도하게 지적 활동에 집중할 수도 있고, 남성에 대한 질투에 사로잡혀 사회생활 중 만난 남성들을 무조건 경쟁자로 상정할 수도 있다. 이를테면 토론에서 남성 패널을 이겨야 한다는 경쟁의식에 사로잡혀 토론에 열중하지만 대화의 본질을 잃을 수 있다. 다른 경우, 딸은 자신이 속한 사회(아버지)에서 이상적인 인물이 되기 위해 무던히 애쓰게 된다. 이로 인해 딸은 사회에서 성공을 거둘 수도 있다. 하지만 아버지의 인정만을 원하던 딸은 자신을 잃게 되어 큰 성공을 거둔다 해도 까닭 모를 만성적인 우울이나 자기비하, 허무에 휩싸일 수 있다.

레아는 아버지에게 자율성을 빼앗긴 무기력한 측면을 나타낸다. 레아에게는 반항도 자기주장도 없다. 그녀의 역할은 가부장제 질서에 충실하며 자식을 낳는 도구로서의 어머니에 한정된다. 반면 라헬은 에로스적인 측면이 강하다. 라헬은 성적 매력으로 사랑하는 남자를 사로잡았다. 그녀는 부정적인 아버지에게 대항하며 드라빔을 훔쳐오는 당돌한 여성이다. 그러나 그녀는 어머니가 될 수 없었다. 그렇게 그녀들은 서로를 증오한다.

레아와 라헬 자매의 비극은 멕시코 화가인 프리다 칼로(Frida Kahlo, 1907-1954)의 이야기이기도 하다. 프리다 칼로는 소녀 시

프리다 칼로, 〈두 명의 프리다〉

1939년, 캔버스에 유채, 173.5×173cm, 멕시코 현대미술관, 멕시코시티

절, 끔찍한 교통사고로 척추와 골반이 부서지는 중상을 입고 의사의 꿈을 포기한다. 화가의 길을 걷게 된 그녀는 기계에 척추를 의지한 채 말할 수 없는 육체적 고통과 싸우며 그림을 그려냈다. 하지만 불행하게도 그녀의 남편인 당대의 유명한 화가 디에고 리베라는 끊임없이 외도를 했다. 결국, 있어서는 안 되는 일이 벌어지고야 말았다. 디에고가 프리다의 여동생과 외도를 저지른 것이다. 〈두 명의 프리다〉라는 이 충격적인 그림은 프리다가 그 사실을 알게 된 후 그린 첫 번째 그림이다. 먹구름을 배경으로 두 여인이 앉아 있다. 그녀들의 붉은 심장은 하나로 연결되어 있는데, 왼편의 여인은 한 손에 수술용 칼을 든 채 피를 흘리고 있다. 한 여인은 유럽풍 의상을, 다른 여인은 멕시코 전통 의상을 입고 있다. 이는 프리다에게 멕시코와 유럽의 혼혈의 피가 흐른다는 점을 반영한 것이다.

디에고는 고통에 무너지지 않고 정열을 쏟아 살아냈던 강인하고 남성적인 프리다에게 포근한 여성성을 느끼지 못했다고 한다. 실제로 그녀는 말년에 스탈린에 빠져서 그가 세상을 구원할 희망이라 말하곤 했다. 프리다의 강력한 아니무스(*Animus*, 여성 안의 남성적 인격)를 떠올려보면 그녀의 여동생은 프리다의 그림자라고 볼 수 있다. 디에고는 프리다와 비슷하면서도 여성적인 그녀의 동생에게 무의식적으로 끌려 바람을 피운다.

그림 속 두 여인은 프리다 자신과 여동생이면서 동시에 자매로 상징된 프리다 안에 분열된 두 개의 정체성이다. 프리다의 외적 인격인 아니무스의 측면과 프리다의 내적 인격인 여동생은 서로의 손으로, 심장으로 연결되어 있지만 각자 다른 곳을 바라본다. 왼쪽의 프리다가 느끼는 심장이 끊어지는 고통을 오른쪽의 프리다(동생이면서 프리다의 그림자)는 느끼지 못한다. 둘은 하나의 자아 속에서 화해하지 못한 채 있다.

하나님 아버지에게로 귀향하다

여성성의 분열과 대립을 부르는 그림자는 결코 화해할 수 없는 것일까? 부정적 아버지의 교란으로 시작된 분열은 어떻게 치유될 수 있을까? 아이러니하게도 치유의 단초는 결혼이었다. 비록 라반이 강제로 엮은 결혼이었지만 결혼은 아버지에게 벗어날 독립의 기회가 되었다. 결혼은 심리적으로 다른 두 대극의 결합이다. 여성성과 남성성의 다른 두 형질의 통합이다. 이 말은 결혼이라는 사건 자체를 의미하는 것이 아니다. 결혼이라는 틀에서 일어나는 새로운 변화와 과정에 대한 것이다.

그녀들의 남편 야곱을 떠올려보자. 그 또한 같은 상처가 있는 사람이었다. 야곱은 성장과정에서 아버지 이삭의 차별대우를 받았다. 이삭은 하나님을 섬기는 신앙인이었고 착한 사람이었지만 야곱에게 있어서는 자식들을 차별한 불공평한 아버지였다. 장자에서만을 바라보고 사랑하는 아버지로부터 야곱은 인정받기를 갈망했다. 아들은 어머니가 주는 사랑과 아버지가 주는 인정을 필요로 한다. 결국 야곱은 리브가가 꾸민 대본에 따라 에서인 척 연기를 하여 장자가 받아야 할 축복권을 훔친다. 그러나 이 일로 고향에서 야반도주를 해야만 했다. 아버지의 인정을 도둑질해서 얻어냈다는 수치심은 야곱에게는 반드시 풀어야 할 인생의 숙제가 되었다. 분노한 형으로부터 도망친 그는 외삼촌 라반을 찾아가 한 번도 해보지 않았던 노동을 하며 제2의 인생을 연다.

라반은 야곱이 의지하고 배울 수 있는 새로운 아버지가 되어야 하는 사람이었다. 그러나 그는 야곱에게 긍정적인 아버지상을 제시해주지 못했다. 오히려 야곱을 착취하고 이용만 한다. 야곱은 좋은 아버지상을 얻는데 다시 한 번 실패한다. 그렇기 때문에 야곱은 부정적 아버지의 그늘 아래 처한 레아와 라헬의 갈등과 슬픔, 두려움을 잘 알고 있었다. 야곱은 레아를 사랑하지 않았지만 아내로서 존중한다. 또한 라헬을 사랑하는 마음은 변하지 않는다. 야곱의 이러한 공감과 진정성은 부정적인 아버지로 인해 교란된 자매의 아니무스에 새로운 변환을 불러올 실마리가 된다. 사실 라반처럼 가족을 속인 '도둑'이었던 야곱은 자매의 부정적 아니무스를 치유하기에는 충분치 않았다. 그러나 같은 비극을 안고 있던 야곱은 자매와 연합하여 라반에게 독립하려고 안간힘을 썼고, 자매 역시 이에 기꺼이 협력하면서 그들은 새로운 길로 나아간다.

세 사람은 아무에게도 알리지 않고 도망가기로 의견을 모은다.

　야곱과 자매의 탈출 시도는 어떤 의미일까? 자매의 입장에서는 자신들의 삶을 갉아먹는 부정적인 친정에 대한 독립이고, 야곱의 입장 역시 처가로부터의 독립이면서 동시에 부정적인 원가족을 향한 독립선언이기도 하다. 세 사람 모두에게는 나쁜 애착bad attachment을 끊는 시도인 것이다. 나쁜 아버지라도 있는 편이 낫다는 마음으로 부정적인 애착을 유지하는 레아와 아버지에게 당하지 않을 거라며 저항하는 라헬은 늘 대립각을 세워왔다. 하지만 자매는 야곱과의 결속으로 '독립'을 향해 뱃머리를 돌렸다. 그러나 이는 시작일 뿐이다. 그들의 근본적 치유는 야곱이 본토 고향으로 돌아가기 전, 자신의 욕망으로 인해 벌어진 가족사의 비극을 대면하면서 이루어진다. 장자권을 빼앗긴 에서는 평생 야곱을 저주하며 복수를 계획했고, 이 사실을 아는 야곱 일가는 죽음을 감수하고 귀향길에 올랐다. 어찌 보면 다시 나쁜 아버지의 품으로 돌아가려는 무모한 퇴행으로 보일지 모르겠다. 그러나 야곱은 얍복 강가에서 홀로 절절한 기도를 한다. 자신이 저지른 죄, 꿈속까지 찾아와 짓누르던 죄책감과 두려움을 대면한다. 그리고 하나님의 사자와 씨름하며 외친다. "내게 복을 주소서."

　심령이 가난한 자는 복이 있다고 했다. 야곱은 그 가난함을 대면하고 그것을 극복하는 방법을 하나님에게서 찾는다. 결국 야곱은 하나님의 은혜로 에서에게 용서를 받는다. 그리고 아들은 고향으로 돌아가 늙은 아버지 이삭의 품에 안긴다. 이것은 나쁜 아버지에게 돌아가는 퇴행이 아니다. 직면과 투쟁 끝에 만난 화해다. 노쇠한 이삭은 힘을 잃은 원형적 아버지를 의미한다. 야곱은 아버지의 집을 떠나 자기의 손발로 고생스럽게 삶을 일구어내는 실천적 과정을 수행해냈다. 그리고 부정적인 아버지 원형에서 벗어날 현실적이고 구체적인 힘을 얻어냈다. 하나님은 야곱과 자매들의 지난한 독립의 여정 가운데 늘 동행하셨고, 귀향과 화해는 하나님이라는 긍정적인 아버지상이 내면화된 풍경이었다. 자매가 이후에 화해했는지는 성경에서 언급하지 않는다. 하지만 적어도 남편과 아주버님이 회복한 형제애가 이들 자매에게 어떠한 고민과 도전을 주었을지 생각해볼 수 있다.

이제 야곱과 자매들은 아버지와의 화해를 통해 부정적 원형에서 벗어나 고유한 역사를 시작한다. 비로소 그들만의 영적 · 정신적 · 물질적 열매를 맺는 진정한 독립을 성취한다. 딸들이 부정적인 아버지에게 벗어나고 용서하고 화해하기까지 인고의 세월이 필요했다. 야곱 역시 고향을 등지고 떠나 결혼하고 반목 끝에 다시 귀향하기까지 고난을 감수했다. 이는 개인의 아버지 이상, 인류의 아버지 야훼 하나님으로부터 진정한 축복을 얻기 위해 반드시 거쳐야 할 아들의 숙명이었다. 부정적인 친정아버지의 교란으로 한 남자와 결혼한 두 자매, 그리고 아버지의 인정을 얻지 못해 불행했던 아들, 이 세 사람이 결혼 후 함께 살아가며 불행의 역사를 인내하고 극복하여 새로운 역사로 도약한다. 이제 한 번쯤 나의 역사를 가만히 되돌아보자. 나와 이성 친구, 나와 배우자, 우리들의 만남에서 재현되는 아버지의 역사는 무엇인가? 그 역사에 대해 이 만남은 어떤 의미를 가지고 있을까? 비극이 화해의 역사가 되기까지, 이는 이 시대에도 여전히 유효한 우리들의 심리적 과제이기도 하다.

아브라함과 사라

영원에 이른 어느 부부의 생애사 生涯史

인간적인, 지극히 인간적인 사랑

태준이가 열심히 무언가를 그리고 있다. 슬쩍 들여다보니 스토리
가 있는 만화를 그리고 있는 게 아닌가. 제목은 〈감옥의 한 죄수〉.
주인공 죄수의 이름은 '억울이'다. 억울이의 이야기를 만들고 있
는 태준이는 수학문제를 풀던 방금과 달리 집중력을 100퍼센트
발휘한다. 순간, 미술치료사의 촉이 예민하게 반응한다.

"태준아, 너 요즘 어떠니? 혹시 억울한 일들이 있었니?"

"응. 요즘 운이 안 좋아. 자꾸 억울한 일이 생겨. 아까 놀이터에
서도 누가 내 실내화 주머니만 훔쳐갔어. 또 얼마 전에 길 가다가
개똥을 밟았는데 친구들이 더럽다고 코 막고 도망갔어."

기다렸다는 듯 아들의 입에서 억울한 일들이 줄줄 나온다. 조금
전 수학문제를 풀지 못하는 아들에게 소리 질렀던 생각이 난다.
나까지 아이를 힘들게 했나 싶어 미안한 마음에 아들의 머리를 쓰
다듬어준다.

"그래, 억울이 이야기 좀 들어보자. 억울이가 하고 싶은 말을 다 하게 그려줘 봐."

아들은 억울하게 죄수가 된 '억울이'를 통해 자기 이야기를 하고 있다. 지금 태준이에게 중요한 주제는 '억울함'이다. 이 만화를 통해 태준이는 하고 싶었던 말을 할 것이다. 그리고 만화 속에서 자기만의 방식으로 자기와 동일시한 억울이의 억울함을 풀어줄 것이다.

우리에게는 모두 크고 작은 이야기들이 있다. 우리는 타인의 이야기를 들으며 나 자신을 비추어보기도 하고, 타인은 내 이야기를 구성하는 적극적인 상호작용의 대상이 되기도 한다. 이야기의 조각들은 짜임새 있게 구성되어 개개인의 생애사를 이룬다. 한 개인의 생애라는 창을 통해 우리는 무엇을 볼 수 있을까.

아브라함과 사라는 아담과 하와 이후 최초로 언급된 부부다. 낙원에서 쫓겨난 조상은 지상에 뿌리를 내렸는데, 아브라함과 사라는 지상에서 펼쳐진 인간의 역사를 가늠하게 하는 인물들이다. 그들의 이야기는 바벨탑 사건 직후 남편인 아브라함의 족보에서 시작한다. 바벨탑 사건으로 인류의 언어가 분화되고 사람들은 뿔뿔이 흩어진다. 연이어 셈의 족보가 소개되고 그 마지막 줄기에 아브라함의 아버지 데라가 언급된다. 그리고 다시 데라의 세 아들인 아브라함과 나홀과 하란이 등장하고 아브라함의 조카들, 아내 사라까지 세밀하게 소개된다. 바벨탑 사건 이후 믿음의 조상인 아브라함의 이야기가 시작하는 까닭은 그가 새로운 역사의 시초라는 의미를 지니기 때문이 아닐까.

두 개의 독백

그렇소, 나는 해바라기 같은 남자라오. 내 평생 진심으로 사랑한 여인은 오직 사라뿐이었으니. 이 얼마나 아름다운 여인인가! 두 뺨이 발그레한 소녀 시절에도, 호리 낭창한 스무 살 무렵에도, 어머니가 되었을 때도, 황혼이 된 지금도 그녀는 가을꽃처럼 그윽하게 아름답다오. 그녀는 유순한 아내였소. 때로 불같이 화를 냈는데 나는 그 또한 싫지 않았다오. 아내가 그토록 채근하고 요청하니까 그나마 내가 무언가를 결정할 수 있었소. 주저하고 전전긍긍하고 결정을 미루는 것, 이는 나의 치명적인 단점이었지. 고백하자면 그 우유부단함으로 인해 사내로서 부끄러운 짓을 저지른 적도 있다오.

애굽의 왕과 아비멜렉이 아내에게 한눈에 반했을 때, 나는 내 아내를 누이라고 속였소. 아내라 하면 나를 해할까봐 두려웠던 게지. 이후에 왕들이 아내를 빼앗아가도 무기력하게 손을 놓아버리려 했소. 생각할수록 어찌나 미안하고 부끄러운지…. 게다가 나는 계산이 빠르지도 못하오. 내게 이득이 되는 선택을 해야 하는 순간에도 다른 사람에게 결정을 떠넘기려 했지. 나의 종들과 조카 롯의 종들이 다투어, 롯과 내가 각자의 길로 떠나기로 했을 때 나는 어디로 가야 할지 좀처럼 결정할 수 없었소. 롯에게 네가 좌하면 나는 우하겠고, 네가 우하면 나는 좌하겠노라고 말했지만 실상 결정을 롯에게 미뤄버린 게지. 덕분에 양보하는 삼촌이라고 회자되었지만 실은 조카에게 내가 원하는 바를 요구하기가 참으로 어려웠소. 그런 면에서 난 결단력 있는 아내가 좋았다오. 몸과 영혼이 모두 아름다운 내 아내, 때로는 가을 서리처럼 서슬 푸른 그녀, 강단 있는 그 모습은 얼마나 위엄이 넘치는지! 우리는 하늘이 맺어준 배필, 천생연분이오. 어떻소? 정말 그렇게 보이지 않소?

* * *

나의 지아비, 아브라함. 그이를 떠올리면 깊은 한숨부터 나오지요. 남편 따라 살아온 세월 중에 가슴을 친 날들이 얼마나 많은지. 지금이야 달라졌지만 저 사람 때문에 분통이 터진 순간들을 생각하면…. 애굽에 갔을 때, 왕이 나한테 반해서 나를 아내로 삼고자 하는데, 저이가 나를 자기 누이라고 속였답니다. 아아, 지금도 억장이 무너져요. 목숨이 아깝기로서니 사내대장부가 그런 거짓말을 하다니, 그것도 두 번씩이나 말입니다! 내 참 어이가 없어서. 사람들은 그래도 남편이 돈이 많지 않냐며 부러워하지만 실은 우리가 부유해진 것도 나를 아내로 취하려던 왕들이 하나님이 무서워서 우리에게 준 재물이 큰 몫을 한 까닭이지요. 그렇게 유약한 남편과 함께한 세월이 그리 녹록치는 않았지요. 휴, 그래도 (잠시 침묵) 남편은 내가 인내할 만한 가치가 충분

마르크 샤갈, 〈산책〉
1918년, 캔버스에 유채, 175.2×168.4cm, 러시아 국립미술관, 상트페테르부르크

한 사람이었어요. 아들을 낳지 못했던 나를 쫓아내기는커녕 진정한 안주인으로 대우해줬죠. 그리고 변함없이 날 사랑해주었어요. 그래, 고마운 사람이지요. 암요, 그렇고말고요. 변치 않는 소나무 같은 사람. 내가 가지지 못한 온유한 성품을 지닌 내 남편.

샤갈(Marc Chagall, 1887-1985)이 연인 시리즈를 그릴 당시, 그는 평생의 연인이자 아내인 벨라와 행복한 결혼생활을 만끽하고 있었다. 좋은 집안에 뛰어난 미모를 지녔던 벨라는 수많은 구애를 물리치고 가난한 샤갈의 손을 잡는다. 오랜 기다림 끝에 결혼한 그들은 벨라가 갑작스런 병으로 세상을 떠날 때까지 서로를 깊이 신뢰하며 사랑했다. 샤갈은 벨라를 향한 뜨거운 사랑을 작품에 아로새겼다. 벨라는 샤갈에게 영감을 주는 창조적 원천이었고 그런 아내가 죽은 후 몇 개월 동안 그는 붓을 들지 못한다. 이후에 버지니아라는 여인을 만나지만 벨라의 그늘에서 벗어나지 못했다. 늦은 나이에 바바와 재혼하기 전까지 그의 뮤즈는 벨라였다.

〈산책〉에서 연인은 둘만의 세계에서 나와 넓은 들판과 마을을 배경으로 세상을 향해 밝게 웃는다. 그들은 중력을 거스르며 하늘과 땅을 넘나드는 듯 자유로워 보인다. 마주 잡은 손과 환한 미소, 화사한 색감은 어린아이의 세상처럼 티 없이 순수하다. 둘은 서로를 바라보는 동시에 다른 세상을 향해 열려 있다. 서로만 향하던 좁은 시야가 친밀함과 익숙함으로 깊어지고, 연인과 함께 발 딛고 사는 이 땅으로 넓어진다. 화가는 그런 내면의 환상을 따뜻한 시선으로 그려내었다.

연인의 얼굴만 존재하고 주변의 것들이 보이지 않는 눈먼 상태, 서로의 경계를 허물고 하나가 되기를 갈망하는 초반의 강렬한 융합 욕구가(샤갈의 '연인 시리즈'를 보라) 이후에는, 그림에서 보듯 둘을 둘러싼 주변을 자신들의 세계와 공유하는 데까지 나아간다. 서로의 몸 전체가 각자의 영역을 차지하면서 상호 소통하는 형태로 변화하고 있음을 알 수 있다.

콩깍지가 벗겨지니 진정한 사랑이 보이더라

사라의 말처럼 아브라함은 지배적 성향을 가진 사람이 아니었음이 분명하다. 능동형 지배적인 성격보다는 중요한 결정을 타인이 해주기를 바라는 수동형 지배적인 사람이었다. 그는 뭔가를 결정해야 하는 상황에서 아내 사라에게 의존하곤 했다. 하지만 가족에 대한 책임감은 막강해서 가족이 위기에 처할 때는 박력 있는 모습을 보인다. 조카 롯이 곤경에 처하자 군대를 일으켜 황급히 달려가 롯을 구한다. 그는 가족을 중시하고 권위에 순종적이며 타인과 좋은 관계를 맺는다. 아버지 데라는 아들 아브라함을 믿고 먼 여정에 올랐으며, 홀연히 만나게 된 왕 멜기세덱은 아브라함에게 호의를 보이고 물질을 베풀었으며 축복을 빌어주었다. 애굽 왕 역시 아브라함에게 후한 물질을 부어주었다. 여호와의 뜻으로 그가 이들로부터 많은 것을 누렸지만, 아브라함의 배려 넘치는 성품은 작정하신 하나님의 축복이 실현되는 중요한 통로였다. 특히 권위에 대한 순종은 절대적이었다. 그는 여호와의 명령을 평생 한 치의 오차도 없이 순종한다.

신앙적인 면에서도 그러했지만 아내와의 관계 역시 그는 한결같았다. 사라가 잉태하지는 못했지만 아브라함은 그녀를 변함없이 사랑했다. 사라가 종의 몸을 빌어 자녀를 낳고자 간청한 끝에 억지로 종과 동침했어도 그의 첫 마음자리는 언제나 사라에게 있었다. 성경은 그가 그녀를 얼마나 사랑했는지 잘 보여준다. 사라가 죽고 홀로 남은 아브라함이 그녀를 장사할 땅을 물색하는 과정이 상세하게 드러나 있다. 그리고 아브라함은 아들 이삭의 결혼을 본 뒤 먼저 간 아내 곁에 눕는다.

이들의 사랑은 로미오와 줄리엣처럼 절박하지 않다. 베르테르처럼 격적적인 비극도 아니었다. 오히려 너무 일상적이어서 미지근하기까지 하다. 사랑이 꽃피는 초반에 "내가 사랑을 하고 있구나"라는 뚜렷한 증거는 의식과 상관없이 제멋대로 방망이질치는 심장이다. 그러나 익히 알듯이 통제 불가능한 심장박동은 서서히 잦아든다. 연인과 함께 있어 짜릿했던 비일상적인 시간이 흘러가면 서로에게 익숙해진 일상의 시간으로 변하게 마련이다. 그런데 불행하게도 사랑인 줄 알았지만 사랑이 아닌 경우도 많다. 뒤틀린 남녀관계에서 두 사람은 서로를 질투한다. 남성은 여성의 몸을 이상화理想化하여 시기하고 질투하며, 여성은 남성의 권력과 힘을 질투한다. 남성이 여성의 몸을 이상화한다는 것은 무슨 뜻인가? 남성은 아주 오래 전, 부드럽고 따뜻하게 자기를 안아주었던 엄마의 몸을 그리워한다. 그런데 어떤 아들은 안아주고 위로받은 기억이 없다. 방임된 아들은 완벽한 엄마의 사랑에 목마르다. 풍만하고 말랑말랑한 엄마의 몸을 갈망한다. 아들이 갈망하는 만큼 가질 수 없는 좌절이 찾아온다. 결코 가질 수 없는 엄마의 몸, 가질 수 없기에 어른이 된 아들에게 엄마의 몸은 이상화된다.

이상화는 서로가 사랑에 빠지게 하는 심리 기제다. 남녀 간, 사제지간, 치료사와 내담자 관계에서도 어느 정도의 이상화가 기능한다. 이상화는 아직 서로에 대해 낯선 초반 관계를 지지하고 유지하는 역할을 한다. 그러나 시간이 지나면서 이상화는 깨지기 시작한다. 이상화라는 안경을 끼고 보던 사람이 아니라 진짜 그 사람이 보인다. 이 과정에서 당연히 이상화시킨 대상에 대해 실망하고 낙담하고 당혹스러움에 휩싸이게 된다. 그러나 심리적으로 건강한 사람은 결국에는 이를 수용한다. 나와 '다름'을 인정한다. '눈에 씌었던 콩깍지가 벗겨지는 순간'은 배우자를 천사가 아닌, 땅에 발을 붙이고 사는 인간으로 사랑하는 관문이다. 이때 사랑은 시험을 받는다. 우리는 스스로에게 묻는다. "나는 저이를 얼마만큼 사랑하는 걸까?" 뻔한 질문에 잘 모르겠다거나, 그만큼까지는 아니라고 답할 수도 있겠다. 함께 견뎌낼 정도의 의지가 있어야 그 의지를 기반으로 설익은 감정을 진짜 사랑으로 숙성시킬 수 있을 테니까. 그런데 이런 질문도 해보면 어떨까. "나는 과연 사랑할 능력이 있는가?"

어쩌면 배우자가 내가 기대하던 사람이 아니라서 사랑할 수 없는 것이 아니라, 내가 진정한 사랑을 할 수 없는 사람이기에 사랑을 유지할 수 없는 것은 아닐까? 그렇다면 나는 그 누구를 만나도 사랑할 수 없을 것이다. 이상화에 사로잡힌 천상적 사랑은 너무나 거대해서 이런 소소한 사랑은 지루하고 시시하게 느껴진다. 그러니 이상화라는 탈을 덧씌운 '너'를 보기 멈추고, 있는 그대로의 '너'를 만나기 위해 기다리지 않는다면 평범한 당신을 끌어안는 일상의 사랑은 존재하지 않을 것이다.

마음의 병이 있다면 있는 그대로의 '너'를 끝까지 받아들일 수 없다. 내가 이상화시킨 대상의 다른 면모를 용납하지 못한다. 나를 실망시킨 그 사람은 나를 속이고 기만한 자요, 내 여린 마음을 이용한 '악의 축'이 되어버린다.

연인이나 부부들이 종종 자기의 병리적 필요를 채우기 위해 서로를 욕망충족의 도구로 이용하는 경우가 있다. 그럴 때 서로를 향했던 이상화가 깨지면 바로 재난상황이 되고 상대방을 용서하지 못한 끝에 관계는 깨어지고 만다. 그런데 절묘하게 두 사람이 각자 필요로 하는 것과 그것을 추구하는 방식이 맞으면 무의식적으로 공모자가 된다. 대표적인 예가 한 사람은 가해자, 또 한 사람은 피해자가 되는 구조다. 피해자는 가해자로부터 벗어나려고 몸부림치는 것 같지만 결코 가해자를 떠나지 않는다. 가해자가 된 상대 역시 피해자 역할을 하는 상대를 떠나서는 스스로 존재하지 못하는 의존성을 보인다. 이렇듯 가해자와 피해자 관계의 연인이나 부부들은 단단한 고리로 엮여 끝없이 서로를 물어뜯는다.

애착이론에서는 원가족과의 애착유형이 이성관계와 유의미한 상관이 있다고 한다. 부모와 안정된 애착을 형성한 자녀는 친밀한 이성관계를 맺는 반면, 부모와 불안정한 애착을 형성하면 많은 경우, 상대와 친밀해지지 못하고, 냉담하거나 양가적인 태도로 대하거나 지나친 집착을 보인다. 어린 시절부터 부모와의 상호작용을 통해 자녀들은 자기와 타인, 그리고 세상을 보는 관점과 생각을 발달시키는데 이것을 내적작동모델internal working model이라고 한다. 개인이 어떠한 내적작동모델을 가지고 있느냐가 동성뿐만 아니라 이성관계에도 영향을 미친다. 이를테면 작은 일에 실망한 연인이 상대가 자신이 원하는 만큼 사랑해주지 않는다고 느끼고 냉정하게 헤어지자고 말한다. 연인이나 배우자가 눈물을 흘리며 미안하다고 사과하지만 더 잔인하게 대할 뿐이다. 이때 헤어지자고 말하는 연인의 진심은 '절대로 헤어지기 싫다'는 것이다. 그러나 헤어지자고 요구하면서 상대방의 반응을 확인함으로 자신의 불안감을 위로한다. 더 나아가 상대방이 자기에게 매달리게 만들어 자신이 상대방에게 얼마나 중요한 존재인지 확인받는다.

상대방에게 끊임없는 감탄과 칭찬, 헌신을 요구하는 경우도 있다. 그러다가 원하는 만큼 채워지지 않으면 분을 낸다. 그들은 자기 스스로 존재를 확인하는 방법을 모르기 때문에 끝없이 타인에게 칭찬을 받아야 살 수 있다. 어린 시절 중요한 애착대상과의 관계에서 상처받은 자기애는 연인이나 배우자를 통제하고 지배해야만 보상된다. 대상관계심리학자 컨버그Otto Kernberg는 자기애적 성격장애자는 연인의 육체적 아름다움에 집중하거나 돈, 권력, 명성을 이상화한다고 보았다.

사라와 아브라함은 서로를 이상화한 자기애적 대상을 사랑하는 단계를 거쳐, 서로의 유약함을 인정하고 적응하며 사는 사랑의 과정을 보여준다. 왕들이 사라를 소유하려 할 때 사라는 왕 앞에서 거짓말하는 아브라함의 비겁함과 연약함조차도 잘 알고 있었다. 사라가 대를 이을 적자를 낳을 수 없다는 사실을 아브라함 역시 알고 있었다. 그러나 두 사람은 서로에 대한 사랑과 존경을 포기하지 않는다. 서로의 장단점을 알아갔고 이를 모두 수용했다. 세월의 단지에 사랑을 담아 인내로 숙성시킨 끝에 친숙함이라는 음식을 만들어냈다. 톡 쏘거나 황홀한 단맛은 아니지만 은근한 감칠맛이 나는 음식이다. 진수성찬을 차려도 빠져서는 안 되는 김치처럼 아브라함과 사라는 서로에게 푹 익었다. 이삭은 어렸을 때부터 부모의 성숙한 사랑을 보며 자랐다. 그가 장성한 후 리브가와

샤갈, 〈하얀 책형〉
1938년, 캔버스에 유채, 155×140cm, 시카고 미술관, 미국

혼인하여 부모가 그러했던 것처럼 서로에게 성실한 사랑을 한다.

러시아에서 태어난 유태인 샤갈은 동족끼리 모여 있는 곳에서 계속 탈출을 시도했다. 그는 고향에서 모스크바로, 다시 파리로 예술적 영감을 펼칠 곳을 찾아다녔다. 유태인 박해가 시작되자 안전하게 그림을 그릴 피난처를 찾아 헤맸다. 아브라함이 갈대아 우르를 떠나 가나안 땅에 이르기까지 수많은 경로를 거친 것처럼 샤갈의 인생도 길 위에 있었다. 마흔이 훌쩍 넘은 샤갈은 여행을 하던 중 '끔찍한 유태인'이라고 조롱하는 소리를 듣게 되었고, 자신의 민족성에 대해 다시 생각하게 된다. 그 사건을 통해 어린 시절, 작은 유태인 마을에서 벗어나고자 몸부림쳤던 그가 이제 가장 유태인다운 그림이 무엇인지를 고민하기 시작한다. 〈하얀 책형〉에 달린 예수님은 예수님이면서 불쌍한 유태인이자 동시에 샤갈 자신이다. 이 그림에서 샤갈은 세계대전이라는 괴물 앞에 희생된 민족의 트라우마를 개인적 경험과 함께 전통에 각인된 신앙의 언어로 극복하고자 했다. 샤갈은 그토록 벗어나고 싶었던 자신의 굴레를 적극적으로 받아들이고 치유해나가야 할 유산으로 받아들였다. 아브라함과 사라가 서로의 단점을 끌어안고 긴 사랑을 했듯이 샤갈 역시 그림을 통해 동족과 '긴 사랑'을 나눈 것이다.

죽음과 재생, 순환의 인생 유전

유아는 그 자체만으로도 사랑스럽지만, 스스로 아무것도 할 수 없는 무력한 존재다.

아동은 힘과 규칙, 사회를 배워나가지만, 유아 시절의 자기애적 만족을 여전히 그리워한다.

청년은 눈부시고 신선하지만, 삶을 감당하기에는 턱없이 불안하다.

중년은 새로운 내면적 가치를 발견하고 받아들이지만, 젊음을 잃고 쓸쓸해한다.

노년은 지혜로 단단하고 유연해지지만, 사회에서 상실한 힘과 권위를 그리워하며 죽음을 두려워한다.

모든 발달의 순간마다 얻는 것이 있고 잃는 것이 있다. 하여 우리는 각 발달단계를 넘어가는 과정마다 우울이나 팽창, 혼란을 경험한다. 젊은 시절, 우리는 앞서 만난 수많은 영웅들이 치른 싸움을 해왔다. 게으름과 나태함, 유약함으로 약한 자아를 끌어내리려는 본능의 용과 싸워 이겨서 자아를 강하게 키워왔다. 이로서 자신이 속한 사회에 적응하는 발달을 이룬다. 혼자만의 자기애적 세상을 벗어나 사회의 일원이 되어 너와 나, 우리가 어우러진 세상을 살아가게 된다. 각자의 잠재력을 생산적으로 사용하는 공동체 속의 나, 한 개인으로서의 나, 현실에 발을 딛고 사는 나를 조화롭게 일구어나간다. 즉 영웅의 행로를 반복하면서 자아는 응집력을 지니게 되고 성숙해간다. 이제 더 이상 영웅이 아니라 현실의 인간이 된다.

자기실현을 이룬 어부는 어부답게, 아버지는 아버지답게, 신앙인은 신앙인답게, 지도자는 지도자답게 살아간다. 그들은 각자가 입은 익숙한 역할의 옷 때문에 평범해 보이지만 사실은 역할의 옷과 내면이 조화롭게 통합되어 있기에 결코 평범하지 않다. 그들은 누구보다도 성실하고 강하다. 실수와 실패를 부끄러워하지만 이에 압도되지 않는다. 자신의 연약함을 보상하기 위해 과도한 힘을 사용하지 않는다. 스스로의 유약함을 이미 알고 수용했기 때문이다. 그래서 그들은 자연스럽다. 종종 이기적으로 보일 때도 있지만, 옳다 여기는 바를 위해 내면이 이끄는 대로 스스로를 던질 수도 있다. 타인과 자신을 비교하지 않고 각자의 제한된 삶에서 최선의 선택과 실천으로 최선의 자유와 책임을 누린다. 그것이 쉽게 이루어지지는 않으리라. 이것은 인생의 발달단계마다의 위험과 고비를 극복해나간 자들의 몫이다.

그렇다면 노년기에는 인생의 발달이 완결되는 것일까? 젊은 시절에는 세상으로부터 무언가를 취함으로써 영웅의 힘을 키운다면, 노년에는 내어줌으로써 다른 차원의 존재가 되어간다. 넘치는 활력으로 더 높은 정신세계로 상승하기보다 오히려 심연으로 가라앉는다. 그러나 이것이 사라진다는 의미는 아니다. 자손에게 나의 생애를 씨앗으로 심는 것이다. 내가 갈고닦았던 기술과 지혜,

영민함을 다른 사람에게 기꺼이 나누어준다. 그리하여 어둠으로 가라앉되 그가 남긴 가치들이 타인의 삶 속에서 살아 숨 쉰다. 그러나 여기에는 자기포기가 따른다. 자신이 누렸던 명성과 자리를 떠오르는 해에 기꺼이 내주어야 한다. 젊은이에게 빼앗기는 것이라고 느낀다면 노년의 가슴에 분노와 탐욕이 일렁이게 된다. 특히 해결되지 않은 오이디푸스적 갈등이 다시 일어나 젊은이를 질투할 뿐만 아니라 그들을 거세해 남은 시간이나마 영광을 지키려는 서글픈 집착에 사로잡힐 수 있다. 프로이트 역시 그러한 갈등을 겪었다. 그의 해결되지 못한 오이디푸스적 갈등과 경쟁은 자신의 친아버지를 넘어 제자들과의 관계에서도 재현되었다. 어머니를 향한 욕망의 경쟁자였던 프로이트는 융과 만나게 된다. 융 역시 목사였던 아버지에 대한 갈등이 있었다. 두 사람은 스승과 제자로 정신분석을 다지는데 협력했다. 하지만 융이 다른 문헌들을 접하고 연구하면서 스승의 정신분석이 편협하다는 의문을 품게 된다. 그 과정에서 프로이트는 떠오르는 신성인 융과의 경쟁에 불안을 느꼈고 자신의 유아성욕설을 지켜내기 위해 거대한 정신분석의 성을 쌓는다. 아들의 성장을 역습으로 대하고 자신의 소유를 지켜내려고 하면 할수록 노년은 초라해진다.

네 자손을 하늘의 별과 같이 번성하게 하며 이 모든 땅을 네 자손에게 주리니 네 자손으로 말미암아 천하 만민이 복을 받으리라(창세기 26장 4절).

아브라함과 사라는 자손이 번성하고 복의 근원이 되리라는 축복을 받는다. 이는 전 인류를 향한 초개인적 의지이지만 개인적으로 볼 때 자손이 번성한다는 뜻은 그들이 걸어온 전 생애가 두 사람의 세대에서 끝나는 것이 아니라 미래에까지 이어져 영향을 미친다는 의미다. 하늘의 중심에 있던 태양이 기울어갈수록 태양은 전 생애를 관통하여 얻은 소중한 가치를 떠오르는 젊은 태양에게 전수할 책임이 있다. 그들에게 주는 것은 내 것을 빼앗기는 일이 아니다. 현세에 속했던 나의 시간을 영원의 시간에 심는 일이다. 나의 생애사가 그들에게 심겨짐으로써 그들의 미래에 내가 사는 것이다. 그러므로 죽음이란 '완전한 끝'이 아니다. 우리의 삶을 기억하고 애도하는 사람들이 있기 때문이다. 우리의 아들딸도 흙으로 돌아가 이 땅에서 그 누구에게도 기억되지 않는다 해도 우리의 이야기는 세상 어딘가로 실려간다. 이것이야말로 나의 "자손이 하늘의 별과 같이, 바다의 모래와 같이 많아지는 축복"이다. 죽음에 가까이 서 있는 아브라함에게 하나님은 미래를 말씀하셨다. 이러한 죽음과 재생의 역설은 세대와 세대를 흘러간다. 내 작은 생애사가 씨앗이 되어 다음 세대의 인생에 심겨진다. 이렇게 죽음과 재생의 순환이 이루어진다. 이것이 인생 유전이다.

샤갈이 아흔아홉의 나이로 세상을 떠나기 전, 그는 평단으로부터 돈 때문에 새로울 것 없는 그림들을 계속 그려냈다고 비판을 받았다. 말년의 그림은 비평가들에게 호응을 얻지 못했다. 긴 작품 활동 동안 그의 이야기나 이미지는 너무 소비되고 말았다. 하지만 적어도 그는 그림 속에서 언제나 진실했다. 말년에는 신앙적 유산을 유감없이 끌어내어 성서의 주제들을 모티프로 많은 그림을 그렸다. 비록 평단의 시선을 끌지는 못했지만 초월적이고 영적인 세계를 표현하기 위해 다양한 시도를 했다. 현세에서의 쇠퇴를 받아들이고 영원으로 들어가는 샤갈의 작업을 어찌 미술사적으로만 판단할 수 있을까. 지금 여기에서 과거를 돌아보고 최선의 선택을 하는 것. 이것이야말로 촌각으로 달려오는 불확실한 미래를 준비하는 영적 삶이 아닐까.

아브라함의 밤

아브라함과 사라는 하나님께 절대 순종했고 그분은 두 사람을 축복하셨다. 부부는 평생 인내라는 실로 촘촘히 사랑을 엮어갔다. 두 사람의 생애가 큰 나무로 서서 오늘 당신에게 열매와 기운을 준다. 두 사람의 원형은 다른 시대, 사회, 문화를 거슬러 당신에게 찾아와 당신만의 서사를 쓰기 위한 영감을 준다. 내게 일어난 사건과 작은 선택이 모여 나만의 독특한 역사가 완성되어 간다. 잠시 걸음을 멈추고 나를 보자. 낡은 일기장이나 사진첩을 들춰봐도 좋으리라. 나는 어떤 일을 거쳤으며 어떠한 선택을 했는가? 나의 이야기는 어디쯤 와 있을까? 앞으로 써나갈 내 생애사는 무엇일까?

　오늘 밤, 꿈을 꾸자. 별빛 가득한 이 밤에, 어쩌면 지금이 우리 안의 창조적 무의식이 심연에서 고개를 드는 그 밤일지도 모른다. 여호와가 아브라함을 불러 축복하신 밤. "너의 자손이 하늘의 별과 같이 바다의 모래와 같이 번성하리라" 하셨던 카이로스의 밤. 백발이 성성한 노인의 가슴에 푸른 꿈이 물결쳤던 그 밤. 나와 아브라함의 시공간은 다르지만, 영원을 비추는 별빛은 동일하게 밝고 환하고 또한 아름다우리라.

그림 목록